# 児童館論

JN064480

## 資　料　関係法令・通知集

---

**【本書に使用する用字用語】**

　本書では、「児童」、「子供」、「子ども」、「こども」の表記について、関係法令・通知等に用いられている場合や個別の名称(組織名、施設名、事業名等)として使用されている場合、すでに公表されている発行物から引用・転載する場合などは原文を尊重し、それ以外は児童館ガイドラインに準じて「子ども」を用いています。

# 第1章

## 児童館の概要

# 児童館の種別と機能・役割

## （1）児童館の種別

　児童館の種別は、小型児童館、児童センター、大型児童館に区分されています。また、それらに当てはまらない児童館は、その他の児童館とされています。（図表1）

　児童福祉法第40条に規定される「児童館」とは、それらすべてを含んだ総称となります。児童館の設置運営要綱等の関係通知においては、種別とともに機能、設備・運営に関する事項が示されています。（図表2）

（図表1）全国の児童館の種別設置割合

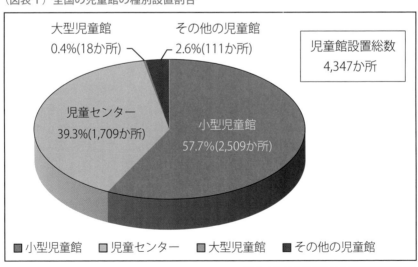

大型児童館
0.4%(18か所)
その他の児童館
2.6%(111か所)

児童館設置総数
4,347か所

児童センター
39.3%(1,709か所)

小型児童館
57.7%(2,509か所)

■小型児童館　■児童センター　■大型児童館　■その他の児童館

（令和3年厚生労働省社会福祉施設等調査）

① 小型児童館

　小型児童館は、小地域を対象として、児童に健全な遊びを与え、その健康を増進し、情操を豊かにするとともに、母親クラブ、子ども会等地域組織活動の育成助長を図る等子どもの健全育成に関する総合的な機能を有する施設です。健全な遊びを通して、子どもの集団的・個別的な指導や中・高校生等の自主的な活動に対する支援を行うことを機能としています。

　また、地域組織活動の育成助長やその指導者を養成する研修など、子育ての不安や悩みがある保護者の相談など子育て家庭の支援など、地域の子どもの健全育成や子育て支援に必要な活動を行います。

② 児童センター

　児童センターは、小型児童館の機能に加えて、子どもの体力増進のための指導機能を併せもつ児童館です。運動を主とする遊びを通して体力増進を図るとともに、中学生・高校生等の年長児童に対する育成機能を有しています。子どもの運動に親しむ習慣を形成するとともに、体力増進指導を通して社会性を伸ばし、心と身体の健康づくりを行います。

　昭和 53 年、都市化による人口集中や住宅開発の進行、交通量の増大等による遊び場の不足、テレビの普及などによる子どもの運動機会の減少、運動嫌いなどに伴う体力低下といった社会背景を踏まえ、従来の小型児童館の機能に加えて、遊びによる体力増進機能を強化した児童館として位置付けられました。

　また、大型児童センターは、児童センターの機能に加えて、特に中学生・高校生等の年長児童の情操を豊かにし、健康を増進するための育成機能があります。昭和 60 年の国際青年年を契機に、児童館において中学生・高校生等の年長児童の活動が行われるように設けられました。音楽、映像、造形表現、スポーツ等の多様な活動を通して、社会性を伸ばし、心と体の健康づくりを図るとともに、子どもの社会参加活動や国際交流活動を進めることなど、中学生・高校生等の年長児童に適した活動内容が実施できるよう、文化、芸術、スポーツ、社会参加活動等の諸活動に必要な備品等を整備することとしています。

### ③ 大型児童館

　大型児童館は、A型とB型に区分され、それぞれ広域の子どもを対象として様々な活動を行っています。A型児童館の設置運営主体は都道府県、B型児童館の運営主体は都道府県のほか市町村、社団・財団法人、社会福祉法人等となります。

### ○ A型児童館

　A型児童館は、小型児童館・児童センターの機能に加えて、都道府県内（以下「県内」という。）の小型児童館、児童センター等の指導や連絡調整等の役割を果たす中枢的機能があります。県内の小型児童館、児童センター等の指導・連絡調整機能には、県内児童館の情報の把握と相互利用、運営等の指導、児童厚生員やボランティアの育成があります。また、県内児童館が活用できる遊びのプログラムの開発・普及、優良な映画フィルム、ビデオソフト、紙芝居等を保有し計画的に活用するともに、歴史、産業、文化等地域の特色を生かした資料等展示を行います。

　建物の広さ 2,000㎡以上で適当な広場を有することとされており、必要に応じて研修室、展示室、多目的ホール、ギャラリー等を設けるほか、移動型児童館用車両を備えるなど、大規模な施設設備を生かし総合的な健全育成活動の展開ができるように設計されています。

### ○ B型児童館

　B型児童館は、豊かな自然環境に恵まれた地域に設置され、子どもが宿泊しながら、自然を生かした遊びを通して協調性、創造性、忍耐力等を高めることを目的としています。平成2年、子どもが自然に触れる機会を増やすため、児童館の設置運営要綱に示されました。小型児童館の機能に加えて、自然の中で子どもが宿泊できる定員 100 人以上の宿泊施設や野外活動ができる設備と1,500㎡以上の建物を有する施設です。

　川、池、草原、森等の立地条件を生かした各種の自然観察、自然探求、自然

愛護、その他自然とふれあう野外活動が行えるように設計され、キャンプ、登山、ハイキング、サイクリング、水泳等の野外活動から得られる各種遊びの内容や指導技術を開発して、児童館等に普及させる機能があります。

④　その他の児童館

　その他の児童館は、前述の小型児童館、児童センター、大型児童館に当てはまらない児童館となります。公共性及び永続性を有するものであって、小型児童館の設備及び運営に準じ、それぞれの対象地域の範囲、特性及び対象児童の実態等に相応したものとされています。その区分の基準等については、各都道府県・市町村の判断により位置付けされています。

# (2) 対象児童

　児童館は、児童福祉法に規定する 18 歳未満のすべての児童が利用することができます。原則として、利用するための特別な理由は必要ありません。児童館の設置運営要綱では、児童館の種別によって、主な対象や優先する児童を示しています。小型児童館の主な対象は、小地域の児童、特に幼児・低学年や留守家庭児童としています。児童センターは、運動に欠ける幼児・低学年を優先、大型児童センターは、特に中学生、高校生等の年長児童を優先することとしています。大型児童館の対象は、広域のすべての児童としています。

　このように、児童館では、幅広い年齢層の子どもの発達の特徴や発達過程を理解し、子どもの育成に努めることが求められるため、児童館ガイドラインでは、「子ども理解」の章を設け、乳幼児期、児童期、思春期の基礎的な視点が示されています。

## （3）児童館の機能・役割

① 遊び及び生活を通した子どもの発達の増進

　児童館は、遊びや友達、児童厚生員との関わりなどを通じて、子どもの自主性、社会性、創造性などを育てる機能があります。子どもの発達特性、年齢や発達の程度を踏まえて、一人ひとりが楽しく過ごせるよう、遊びや日常の生活を支援し発達増進につなげていくことが役割となります。

② 子どもの安定した日常の生活の支援

　児童館は、遊びの拠点と居場所として、子どもの安定した日常の生活を支援する機能があります。子どもの心理や状況に気付き、信頼関係を築くことが重要な役割となります。

③ 子どもと子育て家庭が抱える可能性のある課題の発生予防・早期発見と対応

　児童館は、子どもや子育て家庭の課題の発生を予防する機能があります。早期発見に努めるとともに、必要となる場合は専門機関と連携して適切に対応することが役割となります。

④ 子育て家庭への支援

　児童館は、子育てしている保護者を対象とした活動を実施し、参加者同士で交流できる場を設け、子育ての交流を促進する機能があります。保護者との信頼関係を築き、必要に応じて相談・援助を行い、子育て家庭を支援する役割があります。

⑤ 子どもの育ちに関する組織や人とのネットワークの推進

　児童館は、地域組織活動の育成を支援する機能があります。子どもに関わる地域の関係団体や関係者とネットワークを築き、地域の子どもの健全育成拠点となる役割があります。

（図表2）児童館の種別　機能・特長[1]

| | | 児童センター | | 大型児童館 | |
| --- | --- | --- | --- | --- | --- |
| | 小型児童館 | 児童センター | 大型児童センター | A型 | B型 |
| 建物の広さ | 217.6㎡以上 | 336.6㎡以上 | 500㎡以上 | 2,000㎡以上 | 1,500㎡以上 |
| 設置主体 | | | | 都道府県 | |
| 運営主体 | 市町村（特別区含）、社団・財団法人、社会福祉法人 等 | 市町村（特別区含）、社団・財団法人、社会福祉法人 等 | 市町村（特別区含）、社団・財団法人、社会福祉法人 等 | 都道府県 ※社団・財団法人、社会福祉法人等に委託可 | 都道府県、市町村、社団・財団法人、社会福祉法人 等 |
| 機能・特長 | 児童に遊びを与え、健康を増進し情操を豊かにする 地域組織活動を促進する | 小型児童館の機能＋体力増進指導機能（＋年長児童育成機能） | 小型児童館の機能＋特に年長児童の活動に配慮 | 児童センターの機能＋県内児童館の指導及び連絡調整等の中枢機能 | 小型児童館の機能＋自然の中で宿泊や野外活動が行える機能 |
| 対象児童 | 18歳未満のすべての児童 | 18歳未満のすべての児童 | 18歳未満のすべての児童 | 18歳未満のすべての児童 | 18歳未満のすべての児童 |
| 主な対象・優先する児童等 | 小地域の児童が対象 特に低学年や留守家庭児童等 | 運動に欠ける幼児・低学年を優先 | 特に年長児童を優先 | 広域の児童が対象 | 広域の児童が対象 引率者にも配慮 |
| 職員 | 児童の遊びを指導する者（児童厚生員）、その他 2名以上 | 左記の児童厚生員等＋年長児童指導者 | 左記の児童厚生員等＋体力増進指導者 | 左記の児童厚生員等＋体力増進指導者、年長児童指導者、その他 | 左記児童厚生員等 |

1：「児童館の設置運営について」（平成22年8月7日児発第123号児童家庭局次官通知及び平成2年8月7日第967号厚生省児童家庭局長通知）より作成

# 2

# 児童館の特性

## （1）施設の基本特性

　児童館ガイドラインに示される施設の基本特性は6項目あります。児童館は子ども主体の居場所であることから、子どもの視点から表記されています。

① 子どもが自らの意思でひとりでも利用することができる。

② 子どもが遊ぶことができる。

③ 子どもが安心してくつろぐことができる。

④ 子ども同士にとって出会いの場になることができる。

⑤ 年齢等の異なる子どもが一緒に過ごし、活動を共にすることができる。

⑥ 子どもが困ったときや悩んだときに、相談したり助けてもらえたりする職員がいる。

　「ひとり」とは、数の単位としての「一人」だけでなく、家庭、学校、地域の中で孤独感を持った状態の「独り」の意味を含ませるよう意図的にひらがなで表記されています。

## （2）児童館の特性

　児童館の特性としては、「拠点性」「多機能性」「地域性」の3点に整理されています。児童館のアイデンティティとなる固有の特長が、児童館への期待や可能性として「できる」と表現されています。

① 拠点性

　児童館は、地域における子どものための拠点（館）です。子どもが自らの意思で、自由に遊んだりくつろいだり、年齢の異なる子ども同士が一緒に過ごすことができます。

　児童福祉法に規定されている現行14種の児童福祉施設のうち、児童館（児童厚生施設）は、保護者の意向による申し込みや契約、又は行政措置によらず、子ども自身の意思により利用することができる唯一の児童福祉施設です。生活圏でふらりと立ち寄ることができる場所はすべての子どもに重要です。特に家には居づらく、学校でも所在なく、地域にも身の置き所や心の拠り所がない子どもにとってはなくてはならない場所となります。自らの意思で行くか行かないか、そこで何をするか、誰と遊ぶかなど子どもが自己決定することができます。また、その日の体調や気分によってすることの"Ｄｏ"と、何かするわけではなくただそこにいることの"Ｂｅ"を保障します。児童の権利に関する条約（平成6年条約第2号）に示す「遊び及びレクリエーション」「文化的な生活及び芸術に自由に参加する権利」と「休息及び余暇」の権利と言えます。過ごし方の選択や任意の参加が容認され、子どもの意思が尊重される児童館では、自分に合う活動や過ごし方を見つけやすく、子どもの主体的な参加・参画につながります。

② 多機能性

　児童館は、子どもが自由に時間を過ごし遊ぶ中で、子どもが直面している福祉的な課題に対応することができます。

　児童館は、「誰でも利用できる」「みんな来ていい」公的な施設であるため、地域の様々な子どもが集まり、相互に関わり合うことができます。きょうだいやいとこが少なく、地域における子どもの集団活動も減っていく中で、異年齢の子どもたちが継続的に群れ遊ぶことができ、多様な人たちとの交流の中で育つことができます。

　また、児童館を利用する子どもの中には、悩みやストレスを抱えた子ども、

生きづらさや不自由さを感じている子ども、家庭や友達関係に福祉的な課題がある子どもも含まれています。一見、困りごとや悩みがないように見えても実は深刻な問題に直面している子どもや、支援を要する状況にありながらそのことに気づいていない子どももいます。多様な子どもが利用する施設であることで支援を要する子どもを発見しやすくなり、小さな頃から利用する子どもとの信頼関係のもとに継続的な活動や連続的な支援が可能となります。（図表3）

　児童館は、地域の多くの子どもが集まる公的な地域施設であることから、すべての子どもを見守り、遊びや生活を支援するユニバーサル・アプローチを行い、福祉的な課題等の発生予防の機能を果たします。交通事故や連れ去りなど事故や事件からも子どもを守るセーフティネットとなります。子どもの安全な遊び場として、安心して過ごすことができる地域の居場所として、保護者や学校、関係機関に認知されている場であることも重要です。また、貧困、虐待、いじめ等の福祉課題により生きにくさを感じている子どもの身近な相談窓口となりソーシャルワーク機能を発揮してターゲット・アプローチに移行していくことが可能となります。児童館をよく利用する保護者は、子育ての不安感が軽減されるという研究[2]結果も報告されています。親子関係や子育ての仲間づくりに役立つとともに、育児ストレスの緩和、虐待防止・早期発見が可能となります。

---

2：平成19年3月「地域社会における子育て支援の拠点としての児童館の活動効果に関する研究」八重樫牧子ほか

（図表3）すべての子どもへの継続的関わり

| 乳児 | 幼児 | 小学生<br>（低学年） | 小学生<br>（高学年） | 中学生 | 高校生 | 若者 |
|---|---|---|---|---|---|---|

③　地域性

　児童館は、地域住民と子どもに関わる関係機関等と連携して、地域における子どもの健全育成の環境づくりを進めることができます。

　児童館の活動には、子ども・子育てに関係する地域の多くの大人の理解と協力が必要となります。児童館の運営や活動に地域の方々の意見や協力を得るために、地域の諸機関・団体の代表などで構成する児童館運営協議会（児童館運営委員会）等を組織することが求められます。社会資源の活用が地域により開かれた児童館運営につながります。

　また、児童館は子どもと地域の様々な人々をつなぐ交流の拠点となります。学校や地域の中で接点のない異年齢の子ども同士、小学生と高齢者、赤ちゃんと中・高校生世代や若者など、異年齢・多世代が交流する活動では、まさに児童館の特性が生かされます。子どものことを中心として保護者や地域の大人が情報交換や相互交流できる場としても貴重です。子どもや保護者同士に顔見知りが増え、互いに交流し支え合う関係をつくることが、子育てしやすい地域づくりにつながります。地域の子育てグループや子どもに関わるボランティアの育成・支援、地域組織の活動支援などが子どもの育成環境をゆたかにするコミュニティワークとなるため、地域全体に積極的に広報し、多くの人々の連携・協力を求め、子どものための有力な社会資源として地域に親しまれ活用されることが重要となります。

# 3

# 児童館の発展と変化

## （1）児童館の源流

　わが国における児童館の源流となる活動は、セツルメント運動の子どもを対象とした活動に見ることができます。セツルメント運動は、19世紀後半イギリスの経済学者、アーノルド・トインビー（1852-1883）等によって行われた社会活動です。settlementの元の意味は「移住」、settleには「住み着く」という意味があります。当時、貧富の格差が大きかったイギリスでは、労働者の中にスラム（貧困層が居住する都市部の過密化した地区）で暮らす多くの人々がいました。その地域に大学教授や学生、宗教関係者が移り住み、地域の人々と生活をともにし、勉強や文化的活動をしたり相談に乗ったりするなど、生活や環境の改善・教化を図る活動が起こりました。医療・教育・保育などの課題の解決のための活動は、今日の社会福祉事業につながるものとされています。

　わが国では、明治末期から東京、大阪・神戸等の大都市において隣保事業として発展しました。隣保事業は、セツルメント運動により、貧困、差別、教育、環境問題などの諸問題を抱える地区対策として隣保館が設置されるようになり、子どもの教育、託児、生活相談、食事の提供等を行いました。社会福祉法（昭和26年法律第45号）では、第2種社会福祉事業として「隣保館等の施設を設け、無料又は低額な料金でこれを利用させることその他その近隣地域における住民の生活の改善及び向上を図るための各種の事業を行うもの」と定義されています。隣保事業の中には、現在の児童館や放課後児童クラブのように子どもの居場所としてその育成支援を行う活動がありました。

　明治期の慈善活動家・石井十次[3]の流れを汲む「石井記念愛染園」は、大正6年、大阪最大の貧困地域となっていた釜ヶ崎（現 大阪市西成区あいりん地区）において隣保事業を手掛け、昭和38年には愛染橋児童館が開設されました。大正8年、東京・墨田区の人口が密集した貧困地域において隣保事業を始めた「興望館」は、昭和31年に児童厚生施設として認可を受け、現在も児童館として活動をしています。

## （2）児童福祉法の制定と児童館への期待

　昭和20年、わが国は戦争により60万人が亡くなり、およそ12万3,500人が孤児となりました[4]。戦禍の混乱と困窮の中で、親を亡くし住む家も失った戦災孤児や引揚孤児の保護は大きな社会課題となりました。東京や大阪などターミナル駅周辺には、人の往来が多く雨風をしのぐ地下道などが多いため孤児が集まり、上野駅の地下道では、「駅の子」と呼ばれた子どもたちが1,000人以上ひしめき、餓えや病気などで多くの死者が出たと記録されています。ホームレスとなった「浮浪児」は、きょうだいや同じ境遇の子ども同士で徒党を組み、貰い・タカリ、煙草拾い、靴磨きなどを糧にその日を暮らしました。生きるために窃盗や暴力団の下働きをする子どもも現れ、やがて犯罪者やその予備軍とみられ、野良犬のような扱いを受ける子どももいたと言います。

　浮浪児対策が大きな社会問題となり、昭和22年には、厚生省に児童局が設置されました。孤児、虐待を受けた子どもや母子家庭などを保護する法律が検討され、児童保護対策とともに、すべての子どもの「健全育成」「福祉増進」を含む積極的な児童福祉のあり方を基本理念に据えて「児童福祉法」が制定されました。当初に制定された9種の児童福祉施設の1つに「児童厚生施設は、児童遊園、児童館等児童に健全な遊びを与えて、その健康を増進し、又は情操をゆたかにする

---

3：石井十次（1865年-1914年）―明治20年に岡山孤児院を創設するなど、生涯を孤児救済に捧げた慈善活動家。
4：昭和23年厚生省調査

ことを目的とする施設」と明記されました。この条文は、制定当時から一言一句改正されることなく現在に至っています。

　昭和23年に発行された『児童福祉』[5]には、「児童の成長の場は、学校と家庭のみにあるのでなく、むしろその大部分は、学校と家庭以外にある。そしてこの学校と家庭以外の場は、長期の戦争の惨禍によって、自動車の疾駆する道路に、混乱した大人の世相がそのまま吹きつける場所に追いやられてしまった。児童厚生施設は、これらの児童のいこいの場として屋外の児童遊園、屋内の児童館を構想し、新しい児童文化をここに生育させ、文化国家日本をここから発芽させようとしている。」と記載されています。戦後の荒廃した社会状況の中で、すべての子どもに向けられた健全育成の概念を具現化する児童館への期待は大きかったことが見て取れます。

　この「健全育成」という言葉は、戦後の児童福祉施策の領域において用いられた行政用語です。少年非行や犯罪の防止や社会教育分野の活動、有害環境対策の文脈でも便宜的に使用されることがありますが、その意味するところは、次代を担う子どもの心と身体を健やかに育てるための福祉増進や自己実現を図る活動や取組であり、子どもの権利が保障され、一人ひとりの個性が尊重され、発達段階に応じて身体的・精神的・社会的により良好な状態を表すWell-being（ウェルビーイング）を目標とする広義の概念とも言えます。

## （3）児童館への国庫補助の創設

　子どもの健全育成の概念を具現化する児童福祉施設として児童福祉法に規定された児童館でしたが、戦後の混乱期にあったわが国の児童福祉は要保護児童対策が優先される状況にあり、児童館の設置や運営に対する予算はありませんでした。市町村の必置義務もなく、全国への普及には国の予算補助が必要になっていました。

---

5：昭和23年5月発行　厚生省児童局監修『児童福祉』（東洋書館）

　昭和29年、山形県袖崎村（現村山市）議会議員となった阿部千里[6]は、都会に出稼ぎに行く父親や若者不在の農村にあって、田んぼや川に落ちる子どもや耕運機に巻き込まれる子ども、道路で遊んで交通事故に遭う子どもを目の当たりにしました。農作業しながらの子守りから母親や高齢者を解放するためにも、地域に子どもが安心して過ごせる居場所の必要性を痛感します。そこで、阿部は夜行列車で上京し、当時児童館の担当部署もなかった厚生省や議員会館を訪ね歩き、何度も子どもの居場所の必要性を説いて回りました。阿部の一念と熱心な陳情活動は当時の子どもの事故の多発や共働きによる留守家庭の子どもの増加等の社会状況を背景に、厚生省児童家庭局長の理解と支援が得られ、昭和38年、待望の児童館に対する国庫補助が創設されることとなりました。公立児童館の「児童館施設整備費」及び「児童館運営費」が一般会計に計上され、全国で急速に児童館の設置が進められました。とりわけ昭和40年代から50年代には、「一中学校区一児童館」を目標に国が児童館の整備を奨励し、全国的に児童館が建設され、地方自治体の地域の事情に合わせて独自に発展することとなりました。

## （4）児童館関係予算の一般財源化

　児童館整備を飛躍的に進めた国庫補助制度でしたが、高度経済成長の陰りとともに国の児童館施策も変化していきました。昭和61年に「児童館運営費」のうち人件費補助が一般財源化されました。一般財源とは、国から交付される財源のうち、地方自治体の裁量により自由に使用できるもので、国が定めた公共事業に対する特定財源とは異なる予算です。一般財源化（地方交付税措置）は、特定財源として国の補助金は廃止になっても、地方自治体の事務・事業として存続する必要があると認められるものを地方交付税交付金に算入することをいいます。平

---

6：阿部千里（1924年-2016年）―全国児童館連絡協議会（後の社団法人全国児童館連合会）初代会長、一般財団法人児童健全育成推進財団初代理事長、元山形県村山市（旧袖崎村）議会議員、元袖崎児童館長

成9年には、行政改革の大きな流れの中で公設公営児童館の事業費補助も一般財源化され、平成24年には、民間児童館への事業費補助も廃止されました。

　平成5年には、国と地方の役割分担を見直し、規制を緩和して地方の裁量や独自性を尊重する地方分権改革が始まりました。地方分権の推進や国の規制緩和の趣旨から、特定財源を一般財源化することが時流となる一方で、財政がひっ迫する地方自治体や参政権がない子どもの声や思いが届きにくい行政では、子ども自身が必要とする遊び場や居場所づくりの優先順位が低く後回しになるなど地方分権・規制緩和の影響が懸念されることとなりました。児童館は、基本的に地方自治体が設置する公的施設であるため、「地域の実情」や「地方自治体の裁量」により行政施策での位置付けや予算状況、施設の規模、機能・役割、運営の形態等が異なります。現在、国からの児童館の施設運営のための特定の予算はありませんが、児童館を建設する際の施設整備費はあります。

　なお、企業等からの事業主拠出金を財源とする「子ども・子育て拠出金」（税金）から充てられる「地域子ども・子育て支援事業」等、子ども・子育てに関係する児童館の機能に親和性の高い事業は、児童館の中で実施されている場合があり、放課後児童健全育成事業の実施率は56.7%、子育て支援拠点事業の実施率は35.1%となっています[7]。

---

7：令和4年3月一般財団法人児童健全育成推進財団／令和3年度子ども・子育て支援推進
　調査研究事業報告書「児童館の運営及び活動内容等の状況に関する調査研究」（大竹智）

# 4

# 児童館の現状と課題

## （1）児童館の現状

　現在、全国の児童館の数は 4,347 か所[8] となっています。すべての地方自治体に設置されているものではなく、全市区町村における児童館設置率は 60.6％と偏在しています[7]。指定都市では、85％（17 市／ 20 市）、中核市では 85.5％（53市／ 62 市）の児童館設置率となっています[8]。地域の小型児童館・児童センターは、昭和 40 年代から 50 年代に全国的に設置が進められましたが、平成 18 年の4,718 か所をピークに減少傾向にあります。

　現在、児童館を設置している市区町村では、児童館を新設する予定、又は検討中の市区町村は 5.5％（39 市区町村）あります。一方で、児童館が休止中、又は休止の予定・検討中としている市区町村は 9.1％（64 市区町村）、今後児童館の廃止を予定、又は検討中の市区町村は 11.8％（83 市区町村）となっています。

　児童館の設置運営形態は、小型児童館では公設公営が 53.8％、公設民営が42.6％となっています。（図表 4）児童センター、大型児童センター、大型児童館と施設の規模が大きくなるにつれ民営の割合が多くなる傾向があります。なお、大型児童館を除く児童館の設置運営形態の平均値は、公設公営 51.9％、公設民営 44.8％、民設民営 3.0％となっています[7]。

---

8： 令和 3 年 10 月 1 日厚生労働省社会福祉施設等調査

（図表４）全国の児童館の設置運営形態の割合

|  | 公設公営 | 公設民営 | 民設民営 | その他 |
|---|---|---|---|---|
| 小型児童館 | 53.8% | 42.6% | 3.5% | 0.2% |
| 児童センター | 43.6% | 53.4% | 2.4% | 0.6% |
| 大型児童センター | 40.6% | 57.6% | 0.0% | 1.6% |
| 大型児童館 | 0.0% | 94.4% | 0.0% | 0.6% |
| その他の児童館 | 85.6% | 12.2% | 2.2% | 0.0% |

(図表5)　児童館数の推移（公営・民営の別）⁹

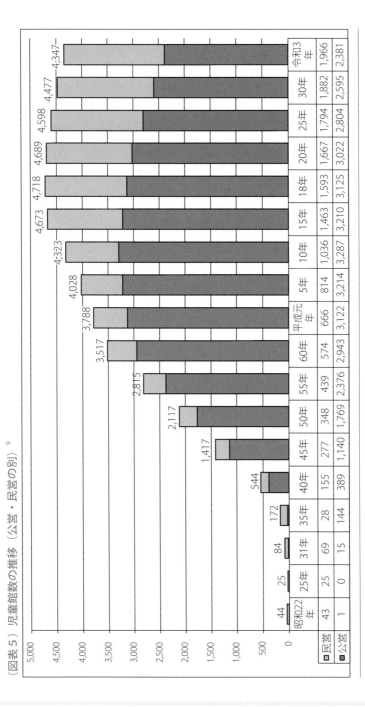

| | 昭和22年 | 25年 | 31年 | 35年 | 40年 | 45年 | 50年 | 55年 | 60年 | 平成元年 | 5年 | 10年 | 15年 | 18年 | 20年 | 25年 | 30年 | 令和3年 |
|---|---|---|---|---|---|---|---|---|---|---|---|---|---|---|---|---|---|---|
| 民営 | 43 | 25 | 69 | 28 | 155 | 277 | 348 | 439 | 574 | 666 | 814 | 1,036 | 1,463 | 1,593 | 1,667 | 1,794 | 1,882 | 1,966 |
| 公営 | 1 | 0 | 15 | 144 | 389 | 1,140 | 1,769 | 2,376 | 2,943 | 3,122 | 3,214 | 3,287 | 3,210 | 3,125 | 3,022 | 2,804 | 2,595 | 2,381 |

合計: 44, 25, 84, 172, 544, 1,417, 2,117, 2,815, 3,517, 3,788, 4,028, 4,323, 4,673, 4,718, 4,689, 4,598, 4,477, 4,347

9：昭和62年厚生省児童家庭局編『児童福祉四十年の歩み』、平成6年社団法人全国児童館連合会編『児童厚生員ハンドブック』、平成10年厚生省児童家庭局編『児童福祉五十年の歩み』、各年厚生労働省社会福祉施設等調査より作成

## （2）児童館の設置・運営課題

　児童館は、高度経済成長期に建設された施設が多く、その老朽化が進んでいます。児童館の建設年をみると、昭和 56 年〜昭和 60 年が 16.3％ともっとも多く、建設から 30 年以上が経過する建物を使用する児童館は全国の児童館全体の 52.2％となっています[7]。地方自治体の財政状況によって、老朽化した施設の建て替えや大規模な修繕を行うか、児童館を休止や廃止にするかの選択に迫られます。

　また、平成 15 年、地方自治法の改正により指定管理者制度が開始され、児童館の民営化が進んでいます。地方分権改革推進の観点から、株式会社やＮＰＯ法人、市民団体などの民間事業者が公の施設の管理・運営を代行して住民サービスの向上と経費の縮減を図ることを目的とした制度です。児童福祉施設として人が人に機能する児童館は、公園やスポーツ施設などの一般的な施設管理業務とは異なる特性があることから、制度に馴染まないという指摘がありました。地方自治体が設置した児童館の管理運営を民間の管理者に委託する際には、地方自治体の条例や業務仕様書等により施設の公共性を踏まえた業務内容等が示され、指定管理者となった受託者はこれにのっとり適切な運営を行います。小型児童館等では概ね 3 〜 5 年程度の短い期間で新たな管理運営者に業務を移行することができるため、競争原理が働きコストダウンが図りやすくなります。その一方で、指定管理料（委託費）の内訳のほとんどが人件費となっている場合は、児童厚生員が雇用期間や昇給等の処遇面において不安定な職種となり意欲や能力のある人材が定着しづらくなるなど、負の反作用が懸念されています。

　そのほか、公営の児童館では、令和 2 年の地方公務員法の改正によって会計年度任用職員制度が設けられ、任用期間の更新回数に上限があり雇い止めや条件付き採用もあるなど、児童館職員の人材確保やキャリアアップについても課題となっています。

［参考1］　しんどくなっている子へのメッセージ　「じどうかんもあるよ」

じどうかんもあるよ

そっと話をきかせてよ

ほっとひと息ついてほしい

きっと力になれるとおもう

じどうかんはここにあります

〇〇児童館

※このメッセージは、児童館職員の意見からつくられました

## （3）「こどもの居場所」として高まる期待と役割

　子供・若者育成支援推進大綱[10]では、「全ての子供・若者が、家庭や学校とは異なる対人関係の中で社会性や豊かな人間性を育んだり、困難に直面したときには支援を求めたりすることができるような居場所（サードプレイス）を増やす」ことが明記されています。児童館は、すべての子どもが自由に来館して過ごすことができ、遊び及び生活を通じて、その心身の健康増進を図り、知的・社会的適応能力を高め、情操をゆたかにする役割を施設特性とする児童福祉施設です。また、子どもが困ったときや悩んだときに、話を聴き、受け止め、支援することができる職員がいます。

　こども基本法（令和4年法律第77号）では、全てのこどもが意見を表明する機会及び多様な社会的活動に参画する機会の確保、意見の尊重と最善の利益が優先されることなどが基本理念に明記され、さらに児童館の特性やこれまでの実践を生かした活動が期待されています。令和5年、こども家庭庁の創設を機に、児童館には、地域の「こどもの居場所」としての役割が再認識されるとともに、子どもの最善の利益を尊重した機能強化が期待されます。

　厚生労働省が実施する自殺予防週間（9月10日〜9月16日）にあわせて、児童健全育成推進財団から全国の児童館に呼びかけ、生きづらさを感じている子どもへのメッセージ「じどうかんもあるよ」を発信しています。このメッセージは、子どもに寄り添い支援する児童館職員の意見によってつくられ、生きづらさを感じている子どもや命が危ぶまれる子ども、居場所がなく地域をさまよう子ども等にメッセージが届くよう、これに賛同する全国の児童館が一斉に地域に周知・広報しています。

---

10： 令和3年4月6日子ども・若者育成支援推進本部決定

# 第 2 章

## 児童館の活動

# 1

# 遊びによる子どもの育成

　遊びによる子どもの育成は児童館の基本機能であり、子どもに直接関わる重要な活動です。子どもの遊びは行為そのものが目的ですが、児童館における遊びはそれとともに子どもの健やかな育ちを促すための手段となります。児童館職員は子どもの発達と遊びの相関を理解し、子どもの遊びの文化を維持・向上させる重要な使命があります。

## （1）子どもの遊び

　児童福祉法では、児童館は子どもを健やかに育成するために遊びを用いることが明記されています。児童の権利に関する条約では、子どもが年齢に適した遊びやレクリエーションなどを行う権利を認め、そのための適当かつ平等な機会の提供を奨励しています。児童憲章では「すべての児童は、よい遊び場と文化財を用意され、悪い環境からまもられる」ことを記載し、児童館ガイドラインでは、子どもにとって「遊びは、生活の中の大きな部分を占め、遊び自体の中に子どもの発達を増進する重要な要素が含まれている」ことを解説しています。このように、児童館の関係法令・通知の中で繰り返し出現することは、遊びに価値・意義があることの根拠とも言えます。

　子どもの遊びは、自らの興味・関心によって行う自由で主体的な活動です。自分がやろうと決め、成功すれば自信となり、失敗やトラブルがあっても解決する方法を考え、誰に指示されるまでもなく工夫してがんばろうとします。生活の中の喜びや楽しみであり息抜きとなり、大人になってからではやり直すことが難しい、子ども時代の発達課題です。子どもが遊びによって心身の健康を増進し、知

的・社会的能力を高め、情緒をゆたかにするよう援助することが遊びを通した健全育成活動として重要です。

　また、遊びは子どもの非認知能力を高めることが近年の研究から明らかにされています。非認知能力とは、やる気、忍耐力、協調性、コミュニケーション能力、自己肯定感、共感性など数値化することが難しいが、ゆたかに生きていくために必要な能力とされています。社会的に成功するためには、ＩＱや学力など数値で測れる認知能力だけでなく、非認知能力が不可欠とするジェームズ・Ｊ・ヘックマン[11]により提唱された概念です。「生きる力」や「心の知能指数」（ＥＱ）[12]なども同義と捉えられ、遊びを通して、自主性、社会性、創造性などの能力を高める子どもの健全育成の目標と同様の概念と言えます。非認知能力を高める遊びとして、外遊び、ごっこ遊び、廃材工作などの遊び、絵本の読み聞かせのほか、手伝いや自由時間も大切であり、特に幼児期の遊びは重要で非認知能力が高いと認知能力も高まるとされています。

## （2）遊びの支援

　児童館は、子どもの自由な遊びを保障する場所です。①一人の自由な遊び、②小集団での遊び、③大規模な集団での遊び、④遊びのプログラムなど様々な形で実施されています。子どもが遊びに没頭したり、くつろいだり、自由に過ごし方を選択して、いろいろな活動を体験できるような環境づくりが重要です。子どもの年齢や発達の状況、興味・関心、人数、集団の状況、空間的環境等によって多彩な遊びの支援のスキルが求められ、一人ひとりの子どもの成長・発達を促します。子どもの多様な活動欲求やそのときの気分、流行に即した臨機応変な対応と、勝ち負けや上手下手にこだわり過ぎないようにプロセスを重視することが大切で

---

11：ジェームズ・Ｊ・ヘックマン（1944-）－アメリカの経済学者、2015 年『幼児教育の経済学』
　　著、2000 年ノーベル経済学賞受賞
12：Emotional Intelligence Quotient

す。

　子どもの遊びをゆたかにするために次のような関わりなどが考えられ、段階的に変えたり組み合わせたりしていくことが子どもの遊びの文化を守り、つくり出すことになります[13]。

○遊び相手になる

　　子どもに適当な遊び相手がいないときなどに一緒に遊びます。

○遊び仲間の一員になる

　　ごっこ遊びや運動遊びなど、メンバーの一人として遊びに加わります。

○一緒に遊びながら遊びをリードする

　　遊びに混ざってルールや楽しさが伝わるようにリードします。

○遊びを工夫する方法を示す

　　遊びに飽きたり人数が変わったりする時などに工夫を促し一緒に考えます。

○子どもの知らない遊びを紹介する

　　新しい遊びや伝承遊びを紹介し、技術や知識を伝えます。

○遊んでいる子どものそばにいて、楽しく安全に遊べるようにする

　　同じ場所で異なる遊びが進行している時など、ぶつからないように配慮します。

○遊びの場面から離れ、子どもだけでの遊びが展開されるような環境をつくる

　　大人がいなくても、子どもたちだけで安全に遊べるようにします。

○子どもが遊ぶきっかけとなるような環境を準備する

　　子どもが遊び始めるような空間的環境やプログラムなどを設定します。

---

13：【参考文献】厚生労働省編『改訂版放課後児童クラブ運営指針解説書』（2021年発行）
　　フレーベル館

# (3) 遊びのプログラム

　児童館では、子どもの自由な遊びの場を提供するとともに、遊びのプログラムを意図的・計画的に実施しています。子どもだけでは実現できないような遊びや子ども時代に体験してほしい活動などを日常的な活動やイベントとして実施することができます。遊びのプログラムの企画には、地域の子どもの様々な課題を踏まえて活動目的を設定し、季節の行事やイベント、遊びのクラブや講座、キャンプ・館外の活動など様々なプログラムに子どもが主体的に参加できるように取り組むことが重要です。例えば、キャンプでは「自然に親しむ」「異年齢の関係性を深める」「子どもの主体的な関わりを高める」といった目的や目標を明確にしたり、子ども一人ひとりの状況に添ったテーマを設定したりすることもできます。子どもの日常的な遊びから発展・派生するものや子どもが興味・関心のある遊びを職員が汲み取ってプログラム化するものもありますが、いずれも子どもが主体的に参加できることが重要です。プログラムの終了後には、参加した子どもや関わった職員、ボランティア等とともに企画内容や運営方法等について振り返ります。遊びのプログラムが子どもにとって楽しい活動であるとともに、子どもの福祉増進の視点が練り込まれたプログラムが優れた児童館活動と言え、参加した子どもの人数や目的・目標の達成度を評価するとともに、子どもの様子や変化などを記録し、児童館の活動としてより効果の高いプログラムに改良・改善していくことが重要です。

　遊びのプログラムに関する専門委員会[14]がとりまとめた「遊びのプログラムの普及啓発と今後の児童館のあり方について」の報告書では、ＰＤＣＡの過程において、子どもが楽しんで参加しているか、主体的に関わっているか、子どもの声や思いが引き出されているか、地域住民の協力を得られているか、といった観点が必要であり、遊びのプログラムを単発イベントに終わらせることなく、児童

14：厚生労働省社会保障審議会児童部会 遊びのプログラム等に関する専門委員会（平成27年6月〜令和4年7月／全17回開催）

館の日常的な活動に連動させていくことが重要であるとしています。

# 2

# 子どもの居場所の提供

## （1）安全・安心な子どもの居場所

　子どもの健やかな育成には、家庭、学校とともに、地域に子どもが安心して立ち寄ることができる第三の居場所（サードプレイス）が重要です。児童館は、乳幼児から中・高校生世代までの18歳未満のすべての子どもが、年齢や性別、障害の有無、置かれている環境や状況にかかわらず、自らの意思で選び、気軽に立ち寄り自由に過ごすことができます。友達と遊んだり待ち合わせしたり、くつろいだりおしゃべりをしたり、様々な人々と交流したり、あるいは気分や体調によっては何もしないでのんびり過ごすことができます。また、子どもが困ったときや悩んだときに、気軽に信頼できる職員に相談することができ、必要なときに支援される場所です。子どもが安心して過ごせるよう、安全な空間と楽しい雰囲気づくりが重要となります。令和4年、こども家庭庁の設立準備の一環として内閣官房に設置された「こどもの居場所づくりに関する検討委員会」において、有識者や実践者等によって「こどもの居場所」の要素がまとめられました[15]。言語化された「こどもの居場所」の要素の多くが、児童館の施設の特性・特長に合致していることから抜粋して要旨を紹介します。

> ○ こどもや若者の意見・希望を反映できる機会がある。
>
> ○ こどもがありのままでいられる。

---

15：令和4年11月14日内閣官房こども家庭庁設立準備室「こどもの居場所づくりに関する検討委員会」第3回委員会資料より抜粋

○ こどもを受容する場である。

○ こどもが安心かつ安全に過ごせる。

○ 味方になってくれる大人がいる。

○ こどもがやりたいことをできる。

○ こども自身で過ごし方を選べる。

○ 居場所としてそこに在り続ける。

○ 気軽に行ける、いつでも自由に1人で行ける。

○ 年齢で利用の制限がない。

○ 多様な人と出会える、繋がりをつくれる。

【参考2】平成28年度東京都児童館等連絡協議会作成「児童館は子どもの居場所です」[16]

児童館は子どもの居場所です

**1　安心安全に過ごせるところ**

＜ここにくると、自分らしくなれる＞

一人ひとりの価値観が認められ、自分らしさが尊重されます。

安心して自分を表現することができます。

一人ひとりの命が大切にされます。

**2　一人ひとりのやりたいことができるところ**

＜ここにくると、やる気になる＞

体を動かしたり、工作したり、歌をうたったり、子どもたちのやりたいことは一人ひとりちがいます。児童館では、子どもたちがやりたいことを応援します。

児童館の行事や運営に子どもたちの意見が反映されます（アンケート、子ども会議、投書箱、実行委員会など）。

---

16：東京都児童館等連絡協議会　平成28年度児童館活動実践集「子どもの居場所」発表会まとめ

### 3　友だちができるところ

＜ここにくると、出会いがある＞

　児童館は0歳から18歳までの子どもが遊ぶところです。異年齢、異学年、他の学校の人と友だちになれます。幼児と小学生、小学生と中学生、中学生と高校生が友だちになります。中高生とあかちゃんのふれあいもあります。多様な個性が出会い、子どもたちの成長を促します。

### 4　応援してくれる大人がいるところ

＜ここにくると、大切にされる＞

　児童館にいる大人は、子ども一人ひとりのやりたいことが実現できるように応援し、励まし、ときには寄り添い見守ります。子どもの願いの実現のために環境を整えます。

　また、地域の大人は子どもの多様な遊びのニーズにこたえてくれます。

### 5　何もしなくてもいい、くつろげるところ

＜ここにくると、ホッとする＞

　疲れているとき、ごろごろしたいとき、一人でいたいとき、ただ話を聴いてほしいとき、誰だってくつろいでいたいときがあります。「何もしなくてもいい」が保障されます。

## (2) 中・高校生世代の居場所

　中・高校生世代という表現には、高校に在籍しない子どもも含まれています。児童館は、中・高校生世代にも利用しやすく居心地のいいところであり、同世代の仲間と遊びや交流をすることができる地域の居場所となります。かつて自分がしてもらったように小さな子どもと遊んだり、友達と一緒に宿題や運動をしたり、ときには一人で過ごすためにやってきます。また、親でも先生でもなく中立な立場の信頼できる大人となる児童館職員を話し相手に選んでやってくる場合もあり、思春期の発達特性を踏まえて関わることが求められます。

中・高校生世代の子どもは、時間的、物理的、心理的理由から児童館が利用しにくくなったり一時的に児童館から足が遠のいたりすることがあります。しかし、一方で児童館の活動に携わることが楽しく、自己発揮できる場となり拠りどころとなっている子どもがいます。地域で安心してふらりと立ち寄れる居場所は、中・高校生世代にとっても必要です。中・高校生世代が利用しやすいように開館時間や専有できる時間・場所の確保など運営上の配慮とともに、中・高校生世代の利用が歓迎されることが伝わるようなメッセージを発信することが大切です。

　小型児童館では、中・高校生世代がいつでも活動欲求を満たせる物理的な環境がないことがあり、小さな子どもと空間を共有するための工夫や思いやりを自主的に行うように働きかけることも必要になることがあります。学校や中・高校生世代を支援する地域の関係団体等と連携し、地域に中・高校生世代の居場所を拡げ、児童館を利用していた子どもが成長してからも児童館と関わりを継続することが望ましいと思われる若者に対しても、見守りや相談・援助を継続することが期待されています。

## （3）自尊感情が育まれる居場所

　児童館は、子どもの遊びや日常の生活、遊びのプログラムの体験を通して、達成感や成功体験を得ることができ、子どもの健やかな発達・成長を促進することができます。子ども自身が楽しくてやっていることや好きでやっていることで、友達やそばにいた大人から「すごいね」と認められたり、「がんばったね」とほめられたり、「ありがとう」と感謝されたりする場面が生まれます。日々小さな成功体験が積み重ねられ、自分の可能性を信じる自己効力感や自分のあり方を肯定的に評価する自己肯定感等、自分が大切な存在であると感じる自尊感情を高めることができます。子どもの意見や自発的な活動が尊重される児童館の雰囲気づくりが重要になります。

# 3 子どもが意見を述べる場の提供

## （1）子どもの意見の尊重

　児童の権利に関する条約では、自己の意見を形成する能力のある児童がその児童に影響を及ぼすすべての事項について自由に自己の意見を表明する権利を確保することを明記しています。児童福祉法では、社会のあらゆる分野において、児童の年齢及び発達の程度に応じて、その意見が尊重されることとしています。さらに、こども基本法では、「全てのこどもについて、その年齢及び発達の程度に応じて、自己に直接関係する全ての事項に関して意見を表明する機会が確保される」としています。

　児童館は、児童の権利に関する条約に基づき、子どもが自由に意見や表現をすることができ、仲間と集まって自由に活動することが尊重される場所であることが求められます。子どもの意見を聴き、児童館の運営や遊びのプログラムなどに子どもの視点を反映する様々な取組が行われています。子どもが意見を述べる場の提供に取り組む児童館の割合は、平成23年度の42.7%から、平成28年度に59.0%へ、さらに令和3年度には62.9%に伸び[7]、子どもが意見を述べる場の実践が伸張しています。その主な方法を紹介しましょう。

○ 子どもへのアンケートや意見箱を置く
○ 子どもに遊びのルールや遊具の使い方等を聴く
○ 子どもが表現する場や発表できる機会をつくる
○ 子ども会議や子ども同士の話し合いの場をつくる

○ 子ども実行委員会をつくり、行事・活動の企画・運営を担当する

○ 子どもが児童館の活動内容や利用方法などを決める

○ 子どもが児童館運営協議会の構成員となって意見を述べる

○ 子どもが地域の行事や活動に関わる機会をつくる

○ 子どもがまちづくりや行政に関わる機会をつくる

## （2）子どもの意見聴取と支援

　児童館を利用する子どもは、日常的な関わりがある児童館職員との信頼関係により安心して話をすることができます。親でも学校の先生でもなく、利害関係が強過ぎず評価する立場でもなく、親身になって話を聴き、ときに代弁者ともなってくれる味方です。

　こども家庭庁設立準備室による「こども施策の策定等へのこどもの意見反映に関するＱ＆Ａ」では、こどもの意見を聴くファシリテーターやサポーターのような人材の確保について、「児童館などで、日ごろからこどもと直接接している職員」を例示し、「誘導をしないようにすることや基本的人権に配慮することなど、基本的な配慮事項について共有しておくことが望ましい」としています。

　子どもの意見を聴くためには、その意見をまとめるための形成支援とそれを表現するための表明支援が必要となります。子どもの思いや気持ちには、まとまった意見や言葉にならない感情も含まれています。意見を言わないことは意見がないことではありません。自分の意見を適切な言語にして表出することができる子どもばかりではないため、子どもが安心して意見や気持ちを表現しやすい環境や雰囲気づくりを意識して、子どもに寄り添いその声を引き出すファシリテーターのような役割が求められます。

　児童館を利用する当事者は子どもです。障害者の権利に関する条約がつくられる際に当事者から発信された「私たち抜きに私たちのことを決めないで」（"Nothing about us without us"）のスローガンがあるように、子どもの意見表

明権を考える際にも「子どもたち抜きに子どもたちのことを決めないで」と換言することができるでしょう。

　子どもの意見表明支援の環境としては、「1対1で個別に聴いてほしい」、「個室など周囲に聴かれる心配の無い環境のほうが話しやすい」、「施設の外がよい」、「公園など開放的な環境のほうが話しやすい」、「遊びながらなどフレンドリーな雰囲気のほうが話しやすい」など、子どもによって様々であるので、画一的に対応するのではなく、個々の子どものニーズに応じて場所や方法に関して柔軟に対応することが求められます。[17]

　こども政策決定過程におけるこどもの意見反映プロセスの在り方に関する検討委員会[18] では、「積極的に意見を言える・言いたいこどもや若者がいる一方で、積極的に意見を言わない・関心が薄いこどもや若者、脆弱な立場に置かれたこどもも含めた様々な状況にあるこどもや若者がいることを認識し、そうしたこども・若者が参画できる機会を確保すること」や「特定少数の意見でこども・若者全体の意見を聴いたことにしない」ことが指摘されています。また、合理的に判断した結果、こどもの意見とは異なる結論が導かれることはあり得るとして、聴取した意見が施策に反映されたかどうかフィードバックすることや広く社会に発信していくことが望まれるとしています。[19]

---

17：令和3年5月子どもの権利擁護に関するワーキングチーム（令和元年12月〜令和3年5月／全11回）とりまとめ

18：内閣官房こども家庭庁設立準備室「こども政策決定過程におけるこどもの意見反映プロセスの在り方に関する検討委員会」（令和4年8月〜令和5年2月／全5回開催）

19：令和5年3月こども政策決定過程におけるこどもの意見反映プロセスの在り方に関する調査研究報告書（株式会社エヌ・ティ・ティ・データ経営研究所）

## （3）子どもの参画

　児童館では、日常的な遊びや活動の中で子どもが様々な取組や活動に主体的に参画する機会が見られます。集団遊びや活動の中でルールや方法、遊具の置き場や片付け方など自分たちが快適に過ごすための改善提案や、問題が起きたときの解決方法について、アイデアを出したり役割を引き受けたりすることもあります。児童館の建設や運営、活動計画について、大人と並んで発言する機会がある子どももいます。児童館を利用する当事者である子ども自身がよりよい居場所にするため、児童館の運営や活動・行事について提案したり企画できるようにしたりすることが参画の入口になっています。

　児童館の特長を生かし、中・高校生世代も含めた異年齢の子どもたちの話し合いの場を設けることもできます。子ども同士が話し合う際には、テーマに関係する必要な情報を提供したりその場に立ち会って一緒に考えたり、その結果や方向性を受け止め支援することが重要です。

　また、児童館の中だけでなく、子どもが地域の活動やまちづくり、行政に関わる機会など、社会の一員として参画し、意見が生かされる機会を促進していくことも児童館の役割として期待されています。ボランティアや大人が望む手伝いをすることも社会参加の一部の活動になり得ますが、そこに子どもが主体的に関わっているかどうかが重要なポイントとなります。大人の都合がいい方向に誘導したり、監督や審判のような態度で接したりするのではなく、子どもが様々なことに興味・関心をもって主体的に関わろうとする意思や態度を尊重し、子どもと一緒に考え、子どもができることを大人が先回りして肩代わりしないことが大切です。子どもが様々なことに対して興味・関心をもち、当事者意識や責任感をもって主体的に社会に参画することは、自主性や社会性とともに、自分が社会に役立つことができたという自己有用感を高める機会ともなり、健全育成活動として重要な意味をもちます。

　ロジャー・ハート[20] は、著書『子どもの参画』の中で子どもの社会参画の形態を８つの段階「参画のはしご」（図表６）で説明しています。下段３つの段階は参画にあらず、上段に向かうほど子どもの主体的な参画度が増すが、必ずしも上段が優れた活動ということではないと説明しています。主体的な活動の経験が浅い子どもやリーダーシップが苦手な子どもにもはしごの一番上の活動を目指すよう仕向けることは、子どもの主体的な活動から離れ非参画の段階になります。児童館職員等子どもの社会的参画を推進するファシリテーターが、子どもの主体的な活動を支援する際の参考になるでしょう。

（図表６）参画のはしご（ロジャー・ハート）

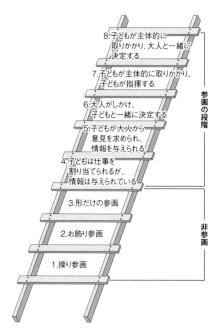

　8.子どもが主体的に取りかかり、大人と一緒に決定する
　7.子どもが主体的に取りかかり、子どもが指揮する
　6.大人がしかけ、子どもと一緒に決定する
　5.子どもが大人から意見を求められ、情報を与えられる
　4.子どもは仕事を割り当てられるが、情報は与えられている
　3.形だけの参画
　2.お飾り参画
　1.操り参画

参画の段階

非参画

20：ロジャー・ハート、Roger Hart（1947-）アメリカの発達心理学研究者

# 配慮を必要とする
# 子どもへの対応

　児童館ガイドラインでは"特に"配慮を必要とする子どもとして、障害のある子ども、家庭や友人関係等に悩みや課題を抱える子ども、いじめや虐待など福祉的な課題がある子どもへの対応を示しています。児童館が子どものすべての福祉課題を解決できるわけではありませんが、家庭や学校、地域の関係機関等と連携しながら子どもの生活全般を踏まえた見守り支援の体制を構築していくことが大切です。児童館はその中核的な役割を果たす社会資源として、配慮を必要とする子どもや家庭を積極的に支援するためのソーシャルワーク機能を発揮することが期待されています。

## （1）障害のある子どもの支援

　児童館では、障害のある子どもが利用する場合には合理的配慮を行うことが求められます。合理的配慮とは、障害のある人の困りごとをなくしていくために、まわりの人たちがすべき心配りや無理のない取り計らいを言います。障害者の権利に関する条約（2008 年発効）では「障害者が他の者との平等を基礎としてすべての人権及び基本的自由を享有し、又は行使することを確保するための必要かつ適当な変更及び調整であって、特定の場合において必要とされるものであり、かつ、均衡を失した又は過度の負担を課さないもの」と定義しています。障害のある子どもが様々な活動に参加できるように適切な配慮を行い、すべての子どもが平等かつ自由に過ごすことができるインクルーシブな居場所づくりに努めることが重要です。例えば、絵文字や拡大文字、点字、手話、音声の読み上げ、筆談、

コミュニケーションボード等、ユニバーサルなツールを取り入れ、障害のある子どもの個性や困りごとに合わせてルールや方法を変えたり、設備や備品を工夫したり、すべての子どもが一緒に過ごし自然な交流が生まれるようにすることが重要となります。

## （2）悩みや課題を抱える子どもの支援

　家庭や友人関係等に悩みや課題を抱えるなど気がかりな子どもがいる場合は、児童館での日常の子どもの様子を職員全体で見守るとともに、適切なタイミングで声かけしたり傾聴したり子どもに寄り添った支援を行うことが重要です。子どもが自分の悩みや課題を明確に認識できないまま、荒れたり落ち込んだりするような不自然な行動として表出されることもあるかもしれません。職員間で子どもの状況や背景などについて共通の理解のもとに組織的な支援方法を検討します。必要に応じて、家庭や学校、児童委員・主任児童委員等と情報共有することが必要な場合もあります。まずは気がかりな子どもが警戒心や心の距離感がなく話しやすいような関わりをもつことから、相談・援助につなげていくことが大切です。

## （3）いじめへの対応

　いじめ防止対策推進法（平成25年法律第71号）では、「児童等に対して、（中略）当該児童等と一定の人的関係にある他の児童等が行う心理的又は物理的な影響を与える行為（インターネットを通じて行われるものを含む。）であって、当該行為の対象となった児童等が心身の苦痛を感じているもの」をいじめと定義しています。その基本理念には、「いじめが全ての児童等に関係する問題であることに鑑み、児童等が安心して学習その他の活動に取り組むことができるよう、学校の内外を問わずいじめが行われなくなるようにすること」と記載しています。子ども間のいじめは、どこでも起こりうる問題です。大人が見ていないところで起こりやすいため、児童館を利用する子どもにいじめが疑われるような行為や兆

候を見逃さず、未然防止・早期発見のための配慮や早期解決のための対応が求められます。いじめられた子どもは身体や心に大きなダメージを受ける場合も多く、その後にもよくない影響を及ぼすことが考えられます。子どもの人権を侵害されることに止まらず、ときに生命に関わる重大な危険にも及びかねないため見過ごすことはできません。いじめに対する対応方針を明確にして職員が共有することが重要です。児童館の日々の遊びや活動を通して、子ども同士が協力したり助け合ったり、ときには意見をぶつけ合いながらもお互いを認め合うことを重んじて、いじめは絶対許さないという強いメッセージと機動的な対応が重要です。万一、いじめに気づいたときは、子どもの命と人権を守ることを優先し、組織的に適切に対応することが求められます。

## （4）虐待が疑われるケースへの対応

　虐待が疑われる子どもを児童館が発見、確認した場合は、児童館の利用の有無に関わらず、子どもの安全確保を最優先し、市町村又は児童相談所に速やかに通告し、関係機関と連携して適切な対応を図ることが求められます。児童館には、不特定多数の多様な子どもたちが利用することができ、保護者や地域の関係者とのネットワークを通じて、不適切な養育を受けているなど気がかりな子どもの情報などがもたらされることがあることから、多機能性の特性を生かした虐待の早期発見・対応に努めることが期待されます。

　厚生労働省関係通知[21]では、児童館の取組は、子ども虐待の発生予防、早期発見・早期対応にもつながるため、子どもの居場所の提供や保護者の子育て支援などを通じ、要支援児童等と判断した場合は、必要な支援につなげるために、要支援児童等が居住する市町村に相談し、情報提供を行うこと。当該情報提供は、児童福祉法第21条の10の5第1項の規定の趣旨に沿って行われる限り、刑法の秘密

---

21：「要支援児童等（特定妊婦を含む）の情報提供に係る保健・医療・福祉・教育等の連携の一層の推進について」（平成30年7月20日 厚生労働省雇用均等・児童家庭局総務課長・母子保健課長通知）

漏示罪や守秘義務に関する法律の規定に抵触するものではないこと。情報提供を適切に行うためには、職員一人ひとりの子ども虐待の早期発見・早期対応の意識の向上を図るとともに、施設全体の共通認識のもとに、組織的に対応すること。市町村をはじめとする関係機関とも密接な連携を図ることが必要であり、要保護児童対策地域協議会との関係を深めるなど連携体制の構築に取り組むこと。特に、具体的な支援策を協議する個別ケース検討会議には、積極的に参加し、関わりをもつこととしています。

## （5）子どもの相談・援助

　児童館では、家庭や学校と異なる人間関係や環境の中で、子どもの本音が表出されることがあります。児童館職員は子どもとの何気ない会話や態度などから悩みや不安に気づくこともあります。すべての子どもが利用できる施設の特性を生かし、地域の子どもの身近な相談窓口となることが期待されます。子どもからの相談は、必ずしも構造化された面接の体をとらずに、生活場面や活動場面において唐突に話し始められたり、表情や態度・行動で問題を表出させたりすることもあります。相談・援助が必要と認識される場合は、他の子どもの出入りが少ない事務室や相談室などに場所を移して対応することが大切です。特に配慮を必要とする子どもを継続して見守り支援するために、対象となる子どもとの関係を切らさないよう、児童館を利用し続けるよう促すことが重要です。

　また、学校や地域の人たちから気がかりな子どもの情報がもたらされることもあります。保護者の不適切な養育等が疑われる場合は、市町村や関係機関と連携し、要保護児童対策地域協議会で協議するなど、適切に対応することが求められます。

## (6) ケース記録（個別支援記録）

　特に配慮を必要とする子どもを継続的に支援していくためには、相談記録とともに、一人ひとりの子どもの遊びや活動場面での状況や、職員や友達との関わりなどの観察記録を含むケース記録が重要です。ケース記録は、対象となる子どもに適切かつ的確な対応をしていくためのケースワークの基礎資料となり、子どもの感情や特性などについて理解が深まり課題を改善するヒントが浮かび上がることがあります。子どもの具体的なニーズ、援助のプロセス、状況の変化等を職員間で共有し、その後の支援の方向性や内容の検討に生かすとともに、子どもの状況が他のソーシャルワーカーにもわかるように客観的に記録することを心がけます。児童館内部でのケース会議や地域の関係機関との検討会議にも活用することができ、これまでの事実の共有や今後の支援方針を検討するなど子どもの長期的・継続的支援が可能となります。

　虐待が疑われる子どものケース記録は、子どもや保護者が言動や観察事項等の事実経過の記録として、その後の児童相談所の判断・決定の際の資料、場合によっては家庭裁判所の審判の際の重要な資料となり得るため、事実関係を詳細に記録するとともに、事実と職員の感想・考察を分けて記述するなど適切な記録と保管が必要です。なお、子どものケース記録は、個人情報を含む重要書類となるため、個人情報保護の観点から適切な取り扱いが必要となります。

# 5

# 子育て支援の実施

　児童館では、保護者の子育て支援事業を実施して、保護者同士の交流を促進して育児不安や孤立した子育てを防ぐことに取り組んでいます。児童館ガイドラインでは、児童館における子育て支援として「保護者の子育て支援」「乳幼児支援」「乳幼児と中・高校生世代等との触れ合い体験の取組」「地域の子育て支援」の基本的なあり方や取組に触れています。

## （1）保護者の子育て支援

　児童館では、妊産婦を含む子育て中の保護者のニーズに沿った子育て支援の活動を行っています。子どもと保護者が自由に交流できる場を提供し、子育てを通した交流を促進し、広く地域の人々との関わりをもてるように様々な取組を行っています。また、保護者が、子どもの発達上の課題や自身の悩みなどについて気軽に相談することができる身近な場所として、孤立した子育てや育児不安などを解消するよう努めています。特に妊娠中に複雑な家庭環境からリスクを抱えている妊婦や、出産後の子どもの養育への不安がある、又は出産前から支援を必要とする若年出産等の特定妊婦への見守り支援を行い、必要な場合は相談・援助につなげていくことが求められます。切れ目のない地域の子育て支援の拠点として、保護者の子育てへの不安や課題には関係機関と協力して継続的に子育てを支援するとともに、子どもの虐待の予防に心掛け、必要に応じて専門的な相談機関等につなぐことが期待されます。

### ○子ども・子育てに関する情報提供

　子どもの遊びに関すること、子どもの発育や病気に関すること、子どもの安全

に関すること、子育て家庭が利用できる行政サービスに関すること、近隣の遊び場や施設、子ども関係団体に関すること等、子育てに役立つ情報や子どもに関して重要な事項を保護者や地域に向けて発信します。

○ 保護者同士の交流支援

　地域において子育てをしている保護者のほか、子育てに不安や負担感をもつ保護者や、子育てを通して交流する仲間が見つけられない保護者、引っ越してきたばかりで地域に知り合いが少ない保護者、双子や障害のある子どもの保護者、外国にルーツのある子どもの保護者などが出会い、交流する機会をつくっています。自分から積極的に交流したい保護者もいれば、児童館のコーディネートやプログラムを頼りにする保護者もいます。保護者が交流するプログラムでは、自己紹介から始まり、親子が触れ合う遊びや季節の行事、子育て講座や育児相談会など、多様な企画を実施して保護者と子どもが楽しく交流を促進します。児童館が主導するプログラムから、保護者が役割を分担して運営に関わる場面を取り入れたり、保護者自身が企画・実施する方法に変化させたり、保護者の主体的な参画を促しエンパワメントします。また、父親の参加を呼びかけ意図的に父親同士の子育てを通した交流の場を設けるなど、父親の育児参画を支援します。

　地域の子育てサークルの活動に協力したり、児童館を利用する保護者同士をつなぎ子育てを相互に支え合う当事者グループの立ち上げを支援したり、保護者同士の交流が促進されるように支援します。

○ 子育てのひろば

　乳幼児の親子が一緒に、おもちゃや絵本を使って自由に遊び、親子同士がくつろいでおしゃべりしながら仲間づくりをする「つどいのひろば」、「子育てサロン」、「赤ちゃんサロン」など、特にプログラムを設定しない子育てひろばがあります。ベビーマッサージやヨガ、子育て講座を企画したり、子どもをまんなかに保護者同士が車座になって子育ての楽しさや苦労を共感するプログラムを設けたりすることもあります。児童館の職員は、ファシリテーターとして声かけや保護者同士の関係づくりに気を配ります。また、児童委員・主任児童委員や保健師・助産師と協同して情報提供や相談にも対応できるように実施されることもあります。

## （2）乳幼児支援

　乳幼児は保護者とともに児童館を利用することが基本とされていますが、児童福祉法の理念に基づき単に保護される客体としての存在ではなくその権利を享有し能動的に行使する主体として、乳幼児そのものを支援する観点から乳幼児支援の項目が起こされています。児童館では、保護者の協力を得て乳幼児の発達課題や年齢等を考慮した乳幼児クラブなどの活動を実施し、保護者同士も乳幼児同士もともに交流できる場を提供します。保護者は児童館職員と一緒に子どもが楽しめる遊びのプログラムや行事などを考え、乳幼児が他の親子と出会い、触れ合う機会を増やします。乳幼児クラブの活動を通して、保護者を参観から参画へ移行させていくように意識することが重要です。乳幼児クラブは、小学生の利用が少ない平日の午前中に実施されることが多く、対象となる子どもの年齢に合った時間が設定され、楽しく子どもの発達を支援する親子の遊びのプログラムが中心となっています。保護者の中に、ピアノや歌の経験がある人、絵本に詳しい人、人前に立つことが好きな人など特技や経験のある人にプログラムの一部を担当してもらうなど、地域の子どもに関わる人たちの協力がプログラムをゆたかに広げます。

　そのプログラムの一例を紹介してみましょう。

```
プログラム例
10：00　受付、自由遊び
10：30　（開会）あいさつ、体操
10：50　うた、運動遊び
11：20　造形遊び、読み聞かせ
11：30　お知らせ、あいさつ（終了）
```

## （3）乳幼児と中・高校生世代等の触れ合い

　児童館は、地域の異年齢の子どもが交流できる場所です。乳幼児と中・高校生

世代の触れ合い体験は、中・高校生世代にとっては、子育ての楽しさを実体感でき、子どもをもつ喜びや苦労話も聞き、自分の過去や未来に重ね合わせることもできる貴重な機会となります。この事業で赤ちゃんに触れた多くの中・高校生世代がその愛らしさに感動すると言います。交流を重ねるほど赤ちゃんへの愛着が深められ、赤ちゃんの頃から自分を大事に育ててくれた保護者に感謝の気持ちを抱き、自分自身を見つめ直す機会になるとも言います。乳幼児にとっても、家族以外の人に抱かれたりあやされたりするなどの触れ合いが、健全育成や発達の観点から大事な経験となると言えます。保護者にとっても、中・高校生世代との触れ合いを通じて、子どもへの愛情を再認識したり、わが子の成長した姿を重ね合わせて子育ての行き先をリアルにイメージしたり、あらためて子育ての喜びや価値を確認する機会となり得ます。実施に際しては、乳幼児の権利と保護者の意向を尊重し、安全面などに十分配慮して取り組むことが求められます。

　また、児童委員・主任児童委員や保健師・助産師、子育て支援のボランティアグループなど地域の関係者の協力を得て実施することもあります。学校と連携し授業の一環として中学生が参加した児童館もあります。中・高校生世代が、子どもを生み育てる意義や子どもや家庭の大切さを理解することができる効果的な事業として評価されるとともに、乳幼児、保護者、中・高校生世代の交流を促進して地域のつながりをつくる意義ある事業となっていることから、多世代・異年齢の交流プログラムの一例でありながら、児童館の子育て支援の取組として児童館ガイドラインに特筆されています。

## （4）地域の子育て支援

　児童館は、地域の子ども・子育てに関する包括的な相談窓口となります。子どものことをよく知っていたり保護者と顔見知りで信頼関係があったりすることから、敷居の低い地域子育て相談機関としての役割が期待されています。悩みや愚痴を吐き出すことで心が楽になることもあれば、継続的な相談・支援が必要な場合や児童館だけで対応しきれないような深刻な内容の場合などは、行政担当者、

保育所、学校、児童委員・主任児童委員等関係機関やさらに高度な相談機関と連携・協力して対応することが求められます。身近で気軽に相談することができる相談窓口となるように心掛けるとともに、保育所、学校、児童委員・主任児童委員、地域住民等子ども・子育てに関係する社会資源とのネットワークづくりにより子育てしやすく子どもが健やかに育つ地域の環境づくりに寄与することを目指します。

# 6

# 地域の健全育成の
# 環境づくり

　子どものゆたかな育ちには、家庭とともに地域の環境が大きく影響します。地域のつながりが希薄になっていると言われる中、地域ぐるみで子どもの健全育成について考える機運を盛り上げ、子ども・子育てのための活動を維持・推進することが重要です。児童館ガイドラインに記載される地域の健全育成の環境づくりの４つの項目を説明します。

## （1）地域への周知・広報

　地域の人に児童館の運営や活動の状況等を周知・広報し、児童館活動に関する理解や協力が得られるように努めます。

### ○ 地域への情報発信

　児童館の理念や目的、その活動内容を地域の多くの人たちにお知らせします。広報誌やおたよりには、行事日程や参加の呼びかけとともにプログラムのねらいや活動への思いを加え、以前にも実施した活動であれば子どもの感想やその成果などもあわせて掲載します。児童館や地域の掲示板、自治会の回覧などでも広報する機会を見つけ、行政担当者や学校、活動内容に応じて地域の広報誌、地元のメディアにも情報を提供するなど広く地域の人や保護者に伝わる媒体を活用します。地域の関係機関が集まる会合などに出席する場合にも、地域の子どもの状況や児童館の活動等について情報発信します。

### ○ 児童館の協力者・支援者づくり

　児童館の活動を地域に開いていくために、多くの大人に理解と支援を求めます。

多様な地域の大人が児童館に活気を与え、利用する子どもに好影響を与えてくれます。地域に児童館の支持者が増えるように、明るく楽しい雰囲気、あいさつや親和的な対応を心掛けることが大切です。そして、協力者・支援者が子どもたちのために児童館の運営や活動に関わってよかったと思えるよう、子どもの様子や児童館の変化などをフィードバックしていくことが重要です。

## （2）地域交流活動の促進

　児童館を利用する子どもが地域の人たちと直接交流できる機会を提供し、地域全体で健全育成を進める環境づくりを行います。子どもの健やかな育ちを共通目標として子どもを中心とした地域での交流活動を促進します。

### ○ 地域組織活動への協力

　児童館が実施する遊びのプログラム等のノウハウや子どもの遊具や活動場所・備品、児童厚生員や児童館で活躍するボランティア等人材を提供するなど、子ども・子育てのための地域組織活動に対して積極的に協力します。

### ○ 地域組織活動への子どもの参加

　児童館を利用する子どもが、地域のお祭りや商店街のイベントなど地域の様々な活動に参加する機会をつくります。大人ばかりの地域イベントに子どもが参加することで一気に盛り上がり、地域組織活動が活性化します。子どもがボランティアスタッフとなってイベントブースを担当したり、日頃児童館で行っている子どもの得意な遊びやダンスなどを披露したり、高齢者と交流しながら活動に参加するなど、子どもにとっても貴重な体験となります。

### ○ 地域ネットワークへの参画

　地域の子どもや子育て支援のために設置されたネットワークや、要保護児童対策地域協議会等の子どもの虐待防止のためのネットワークなど、子どもの健全育成に関わる地域の連絡協議のための組織に参画します。また、参画するネットワークを活用し、構成団体との情報交換や具体的なケースに連携、協働できるよう信頼関係を築きます。

## (3) 社会資源の活用

　子どもの健全育成を推進する地域の児童福祉施設として、地域組織活動等の協力を得て児童館の特性となる地域性を発揮します。学校や保育所・幼稚園、社会福祉協議会、保健所等地域にある公的な組織・団体とともに、児童委員・主任児童委員、町内会・自治会、ＰＴＡ、子ども会、子育てサークル、母親クラブなどのボランティアグループ等、子どものために地域で活動する関係者の協力により、子どもの健全育成や子育て支援の環境づくりのためのコミュニティワークを行います。コミュニティワークとは、ソーシャルワークの方法の一つで、地域の福祉ニーズや課題の解決を図るために、地域組織や専門機関等の連携により地域福祉活動を促進する間接的な援助技術です。

　例えば、子どもを交通事故や連れ去りなどの事故・事件から守り安全を確保するために、学校や保育所・幼稚園の先生、警察署や近くの交番、消防署・消防団、児童委員・主任児童委員、母親クラブ、ボランティア等の社会資源と日頃から連絡・情報交換するような関係性を築くことです。児童館もまた子どものために惜しみなく稼働する社会資源として地域に貢献することが期待されています。


## (4) 地域での児童館活動

　児童遊園や公園など子どもが利用できる施設や場所、児童館がない地域に出向いて、遊びや文化的活動等を行い、児童館を利用する機会の少ない子どもや保護者、地域の人たちに児童館活動に参加する機会を提供します。

# 7

# ボランティア等の育成と
# 活動支援

　児童館では、子どもの遊び相手や引率、安全確保や見守り、イベントのサポート要員等のほか、特技を生かしたボランティアや高度な専門的知識や技術を発揮するボランティア等が活躍しています。

　児童館におけるボランティアは、子どもが多くの人と触れ、地域社会につながることができる存在です。児童館職員の業務を無料で手伝う人という認識ではなく、児童館活動をゆたかにする役割として、敬意をもって子どもたちに紹介し力を借ります。子どものために社会貢献をしようとする人ですから、その対価は子どもが喜ぶ姿や保護者・関係者からの感謝などによる自己実現となるのかもしれません。児童館の職員からも労いや感謝を伝えるとともに、事前の打ち合わせや事後のふりかえりなどを丁寧に行い、ボランティアのやる気やモチベーションが維持・向上されるよう支援します。また、児童館ガイドラインでは、児童館で活動するボランティアには、児童館職員と同様に倫理規範を遵守することが求められるとしていますので、子どもの人権尊重や個人差への配慮、個人情報保護や守秘義務等について説明しておくことが必要です。

## (1) 子どものボランティア育成

　子どもがボランティアとして主体的に活動し、児童館や地域社会で自発的に活動できるように支援します。18歳未満の子どもは児童館の利用対象者でもあり、楽しい活動が誰かの役に立つことを体験できるように内容を検討します。子どものボランティア活動といえば、清掃活動や高齢者施設等への慰問・交流が連想さ

れがちですが、職員が企画する活動だけでなく、子どもの意見を反映して子ども
がやりたい活動ができるように配慮することが大切です。

## （2）ボランティアの継続支援

　小学生や中学生の子どもが高校生や大学生、大人になっても、児童館のボラン
ティアとして活動を継続できるように支援します。自分がかつて学年が上のお兄
さんやお姉さんに遊んでもらったり、教えてもらったり、何か世話してもらった
経験のある子どもは、先輩のボランティアがロールモデルとなりボランティア活
動を続けることが期待できます。子どものボランティアが児童館や地域で自己発
揮できるようボランティア活動を継続させるとともに、ボランティアが子どもの
ボランティアを育成するような循環をつくることを目指します。

## （3）ボランティアの活躍の場の提供

　子どものために活動したい地域の人たちが、ボランティアとして児童館の活動
に参加できるようコーディネートするとともに、児童館のボランティアが地域の
中で自発的に活動できるように支援します。児童館で活動するボランティアの主
な属性は、「地域住民」（72.7％）、「学生」（36.8％）、「民生委員・児童委員」（27.7％）、
「保護者」（27.5％）（※複数回答による割合）となっており、地域の身近な人た
ちが児童館活動への善意の協力者となっていることがわかります[7]。地域には、
様々な特技や知識をもった人、専門的な技術をもった人や職人、著名人や文化人、
子どものために何か役に立ちたいと思っている人がいるはずです。すでにボラン
ティアとして活躍している人を支援するとともに、まだボランティアをする機会
が得られていない人にも子ども・子育て支援のボランティアとして児童館で活動
してもらうよう積極的に働きかけましょう。

## （4）若者のボランティア活動の推進

　中・高校生世代や大学生等のボランティアを育成し、乳幼児や小学生に年齢の近い青年層のボランティア活動を育成支援します。児童館で過ごす子どもと遊んだり、放課後児童クラブの子どもの宿題を見てあげたり、イベントのスタッフとして準備や運営に関わったり、館外活動に小さな子どもの手を引いて引率したり、若者が活躍できることが児童館には少なくありません。

## （5）ボランティアの発掘・育成

　身近な地域の人や児童館に興味や縁のある人に声をかけ、参加しやすい活動からボランティアを始めてもらいましょう。すでに活動しているボランティアから児童館の活動に興味がありそうな仲間を誘ってもらうことも有効な方法です。また、中学校・高校等の職場体験の生徒や大学・短大等で保育士資格や認定児童厚生員資格等の取得を目指す学生のための施設実習を積極的に受け入れ（※参考3）、児童館のボランティアとしても活動してもらうよう促します。イベントなどにボランティアを募集するときには、活動日時、活動時間、活動内容、活動の対象者、準備物や服装、受付担当者などをわかりやすく提示し、ポスター・チラシにしたり、地域の広報紙や掲示板等に掲載を依頼したり、ボランティアセンター、学校、地域の施設等を通じて広く周知することが有効です。

○ **ボランティアの打ち合わせ・研修**

　ボランティア活動を行う前に児童館職員が顔を合わせて、ボランティアの役割・内容、児童館でボランティアをする際のきまりやお願い、配慮を要する子どもの情報などについて説明します。児童館で初めて活動するボランティアには、特に事前の打ち合わせが重要です。活動前から児童館の目的・機能、活動目的を認識し、職員とともにボランティアとして児童館活動を盛り上げてもらいます。ボランティアのための手引書や、ボランティアの受け入れを進めるためのマニュアルなどを作成しておくことも大切です。

## ○ 活動当日の留意点

　ボランティア活動当日にも、その日の流れや担当、活動の目的や内容等の再確認、参加者の人数や配慮を必要とする子どもへの関わり方、緊急時の対応などについて打ち合わせを行います。ボランティアの参加が初めての場合は、参加者に紹介し和やかに活動を始めましょう。

　活動中も気にかけ、担当する役割や子どもへの対応など、ボランティアが戸惑っている様子があれば声をかけるなどサポートします。特に安全管理など職員の判断が必要となる場面ではボランティアひとりに任せっきりにならないように留意し、担当職員の所在を明確にしておきます。活動内容や子どもへの対応などに気になることがあれば、子どもやまわりの人たちに配慮し簡潔に伝えましょう。

　活動終了後には、落ち着いた場所でふりかえりの時間をつくり、参加した子どもの様子やプログラムのよかった点、困った点などボランティアが気づいたことや感想を聞き、児童館職員からも活動の講評とともにボランティアのよかった点などを伝えましょう。職員と異なる視点で活動を振り返ることができることもボランティアがもたらす効果となり、活動の質を高めることにつながります。ふりかえりの時間が設定できないときは、後日メールなどでボランティアの所感を送ってもらうとともに、次の機会も参加しようと思えるようにボランティアにフィードバックしましょう。

【参考3】児童館における施設実習の受け入れについて

児童館における施設実習の受け入れ

　児童館は、乳幼児から中・高校生世代まですべての子どもが幅広く活動する利用型の児童福祉施設であり、子育て支援や放課後児童クラブ、中高生支援など多様な取組を観察・体験することができることから、実習先に指定されることがあります。保育士養成課程や児童厚生員養成課程（※参考4）のほか、教育、社会福祉、その他の分野でも児童館を実習先に設定することがあります。児童館職員の観点から児童福祉施設の業務の一環として積極的に受け入れていくことが求められます。教育課程の一環である実習生はボランティアへの関わりとは異なるので、児童館の機能・特性や業務全般が実体験できるように実習マニュアルを準備するなど計画的に受け入れていくことが求められます。

**（1）児童館実習で学ぶ主な内容**
　①児童館の機能や施設特性
　②子育て支援や児童健全育成の手法
　③保護者（大人）への対応
　④地域の協力者や専門職、学校や各種関係機関との連携
　⑤児童館長や児童厚生員の役割
　⑥ケース会議やミーティングの実際

**（2）実習の段階・方法**
　①観察実習：児童館活動の中で児童厚生員と利用者の関わりなどを観察するとともに、実際に子どもと遊びながら児童館の機能等を理解します。
　②参加実習：プログラム等に参加して子どもや保護者と関わるとともに、児童厚生員を補助しながら、具体的な指導法を学びます。
　③部分実習：読み聞かせや工作など、プログラムの一部を担当します。
　④責任実習：プログラムの企画から実施までの指導案を作成するとともに、プログラムの進行など責任をもって担当します。

【参考4】児童厚生員養成課程について

## 児童厚生員養成課程（児童厚生員養成校）とは

　児童厚生員養成課程は、児童厚生員を目指す学生のために児童健全育成推進財団が認定する大学・短期大学等（児童厚生員養成校）に設置された教育課程です。児童厚生員資格取得に必要な指定科目（単位）を必要単位数取得し、保育士資格、社会福祉士資格、幼稚園・小学校・中学校・高等学校教諭免許をベースとして児童厚生員資格が付与されます。

　北海道から沖縄県まで、全国43校（令和5年度現在）の児童厚生員養成校において、児童健全育成推進財団が認定する児童厚生員資格（「児童厚生2級指導員」「児童厚生1級指導員」）の資格を取得することができます。これまで（令和4年3月末現在）に18,500人を超える学生たちが児童厚生員資格を取得し、福祉・教育の現場等に輩出され、児童厚生員、放課後児童支援員、保育士等として活躍しています。

# 8

# 放課後児童クラブの
# 実施と連携

　放課後児童クラブ（以下「児童クラブ」という。）は、「小学校に就学している児童であつて、その保護者が労働等により昼間家庭にいないものに、授業の終了後に児童厚生施設等の施設を利用して適切な遊び及び生活の場を与えて、その健全な育成を図る事業」（児童福祉法第6条の3第2項）で、正式な事業名は「放課後児童健全育成事業」と言います。児童館の約56%[22] において、この児童クラブが実施されています。

　令和4年の児童クラブ数は 26,683 か所、登録児童数は 1,392,158 人となっています。児童クラブが設置されている場所は、学校の余裕教室（約28%）、学校敷地内の専用施設（約25%）、公的施設等（約13%）、児童館（約9%）となっています[23] が、本項では児童館ガイドラインに示された児童館内において実施される児童クラブにおいて配慮すべき事項等について説明します。

---

22：設置場所が児童館の児童クラブ数 2,434 か所（令和3年放課後児童健全育成事業（放課後児童クラブ）の実施状況）／全国の児童館総数 4,347 か所（令和3年社会福祉施設等調査）
23：厚生労働省子ども家庭局子育て支援課　令和4年放課後児童健全育成事業（放課後児童クラブ）の実施状況（令和4年5月1日現在）

（図表7）児童館と児童クラブの特徴・相違点

| | 児童館 | 児童クラブ |
|---|---|---|
| 法的位置付け | 児童福祉施設<br>（児童福祉法第40条） | 放課後児童健全育成事業<br>（児童福祉法第6条の3第2項） |
| 目的 | 児童に健全な遊びを与えて、その健康を増進し、又は情操をゆたかにする | 小学校に就学している児童であつて、その保護者が労働等により昼間家庭にいないものに、授業の終了後に児童厚生施設等の施設を利用して適切な遊び及び生活の場を与えて、その健全な育成を図る |
| 対象 | 18歳未満のすべての児童 | 留守家庭の小学生 |
| 職員 | 児童厚生員 | 放課後児童支援員 |
| 利用方法 | 原則、自由来館 | 保護者の申請による事前登録<br>※出欠の管理がある |
| 利用費用 | 原則、無料 | ※市町村・児童クラブによって異なるが月額4,000〜6,000円の設定（27.5％）が最も多く、特定世帯への減免を行う自治体もある[23] |

【参考5】児童クラブの制度の経緯について[24]

　児童クラブは、昭和30年代から、いわゆる「学童保育」として、保護者等の自主運営や市町村の単独事業として始まり、国は、昭和51年から留守家庭児童対策や健全育成対策として国庫補助を開始しました。「児童館の設置運営について」（局長通知）[25]の小型児童館の主な対象児童に、「小学校1年〜3年の少年及び昼間保護者のいない家庭等で児童健全育成上指導を必要とする学童」と記載がありその名残が見られます。平成10年、児童福祉法改正によって法定化され、平成19年には多様な事業主体や運営内容となっている実態を踏まえ、児童クラブをよりよい方向に導く指針として「放課後児童クラブガイドライン」[26]が発出されました。更なる

---

24：参考文書：平成30年7月27日厚生労働省社会保障審議会児童部会放課後児童対策に関する専門委員会中間とりまとめ「総合的な放課後児童対策に向けて」
25：「児童館の設置運営について」（平成2年8月7日第967号厚生省児童家庭局長通知）
26：「放課後児童クラブガイドライン」（平成19年雇児発第1019001号厚生労働省雇用均等・児童家庭局長通知）※平成27年「放課後児童クラブ運営指針」の発出に伴い廃止

放課後のニーズの高まりとともに児童クラブの量的拡大と質的向上が課題となり、平成 26 年、国の基準として「放課後児童健全育成事業の設備及び運営に関する基準」（省令）[27] が策定され、市町村では当該基準に基づき条例を定めることとなりました。平成 27 年には、児童クラブのより具体的な運営内容を示した「放課後児童クラブ運営指針」（局長通知）[28] が発出され、児童クラブの運営の平準化が進められることとなりました。これにあわせて、各都道府県が認定する放課後児童支援員の資格研修が開始されました。

## （1）児童館内の児童クラブ

　児童館で児童福祉法の規定に基づく放課後児童健全育成事業（児童クラブ）を実施する場合には、設置・運営主体に関わらず、学校施設内や他の児童福祉施設等で実施している児童クラブと同様に、放課後児童健全育成事業の設備及び運営に関する基準と放課後児童クラブ運営指針に基づいた育成支援を行うこととなります。児童館の施設特性や機能を生かした児童クラブの運営が求められます。

### ①　来館する子どもと在籍する子どもの交流

　児童クラブに在籍する子どもが児童クラブ以外の友達と約束して児童館で遊んだり、異なる学校の子どもや地域の多世代の人たちと交流したりできるなど、子どもが過ごす放課後の環境として生活面や活動面で他の設置場所の児童クラブにはないメリットがあります。「放課後児童クラブ運営指針解説書」[29] では、児童クラブは児童館等の様々な社会資源と連携を図りながら育成支援を行うことや児

---

27：「放課後児童健全育成事業の設備及び運営に関する基準」（平成 26 年厚生労働省令第 63 号）

28：「放課後児童クラブ運営指針」（平成 27 年雇児発 0331 第 34 号厚生労働省雇用均等・児童家庭局長通知）

29：厚生労働省編「改訂版放課後児童クラブ運営指針解説書」（令和 3 年 4 月改訂）

童クラブの子どもが地域で過ごす子どもと一緒に遊んだり交流したりする機会を設けることとしています。

### ②　児童館と児童クラブのそれぞれの活動の充実

　児童館に行けばいつも子ども集団があって遊ぶ仲間がいるため、自由に来館する子どもにとっても安心・安全な居場所となります。児童館の施設・設備が児童クラブに在籍する子ども以外は利用できない状況や、児童館の活動が児童クラブのためだけのものにならないよう配慮することが必要です。自由来館として児童館を利用しようとする子どもが肩身の狭い思いをすることなく、自ら選択してやってきた居場所を気兼ねなく利用できるよう配慮することが重要です。

　また、児童クラブは、放課後、子どもが学校からランドセルを背負って「ただいま」と帰ってくる日常の生活の場となります。宿題やおやつ、帰りの会など、児童クラブの子どもの生活には一連の流れがあります。児童クラブの子どもの放課後の生活の流れが、児童館の一般の活動の中に同化しないよう配慮が必要です。子どもの生活の連続性に配慮して、家庭や学校と連絡を取り合い安定した生活環境のもとで育成支援することが重要です。

　児童館と児童クラブの双方の担当職員が連携して、子どもの生活や遊び、運営や活動内容が充実するよう配慮することが求められます。

### ③　近隣環境の活用

　児童クラブの活動は、児童館内に限定することなく、公園や学校、図書館等の公共施設などの近隣の環境も活用するようにしましょう。他の施設や団体と交流したり、地域のイベントなどに参加したり、地域のすべての環境を子どもの放課後をゆたかにする資源と捉えて積極的に活用することが重要です。

## (2) 児童クラブの活動への協力

　児童館内の児童クラブのほか、学校施設内や地域の福祉施設等に設置されてい

る近隣の児童クラブの子どもたちが、児童館の施設を利用したり、児童館の活動に参加したりできるように配慮しましょう。また、児童館と児童クラブが協力して行事を行うなど、子どもにとって楽しく過ごすことができるよう工夫をすることが重要です。

## （3）子どものメリット

　児童館内の児童クラブでは、児童館の遊戯室や図書室・集会室、グラウンドや隣接する児童遊園等の施設を利用することができたり、児童館の設備や遊具を共用することができたり、児童館が企画する遊びのプログラムや季節行事に参加することができます。そのほか、子どもが次のようなメリットも享受して、放課後の時間をよりゆたかに過ごすことができます。

○多様な子どもとの交流

　児童館に来館する地域の多様な子どもと遊びや活動を通じて交流することができます。中・高校生世代の利用もあり、児童クラブに在籍する子どもにとっては、刺激的な遊び相手となったり憧れの存在となったりロールモデルにもなります。

○地域の大人との交流

　乳幼児の保護者、関係団体やボランティアの方々など、子どもと関わる地域の様々な大人が出入りします。放課後の生活の空間で地域の大人と出会い、交流する機会が増え、地域での人間関係をゆたかにすることができます。

○継続的な関わりと支援

　子どもが児童クラブの利用終了後も、勝手を知る安心・安全な地域の居場所として児童館を利用することができ、継続的な関わりと必要なときの支援を受けることができます。また、児童クラブの利用を終了できるかどうか、子どもも保護者も不安なときに、児童館の自由来館に切り替えて放課後を過ごし、徐々に来館日数を減らし家で過ごしてみるなど、放課後の過ごし方の選択肢を増やします。

# 第3章

## 児童館職員の仕事

児童館には、基本的に施設の管理運営の責任者となる児童館長、主に子どもや保護者等利用者に対応する児童厚生員等の職員が配置されています。児童館職員は、現在全国に 19,321 人[8]います。児童福祉施設の設備及び運営に関する基準（省令）では、第 38 条に「児童厚生施設には、児童の遊びを指導する者を置かなければならない」と規定しています。児童館の設置運営要綱では、「2 人以上の設備運営基準第 38 条に規定する児童の遊びを指導する者（児童厚生員）を置くほか、必要に応じ、その他の職員を置くこと」としています。「児童厚生員」の名称（※参考 6）は、自治体や児童館現場で一般的に使用されています。配置人員については、2 人以上置くことについて児童館ガイドラインに踏襲されていますが、省令に基づいて都道府県等が条例で定めることとなっています。厚生労働省の事務連絡[30]では「来所する児童数等を勘案し、地域の実情に応じ 2 名のうち 1 名は児童厚生員を補助する役割の者とすることは、自治体の裁量により可能である」としています。また、児童センターに「その他の職員を置く場合にあっては、体力増進指導に関し知識技能を有する者、年長児童指導に関し専門的知識を有する者等を置くことが望ましい」としていることから、体力増進指導員を配置、又は巡回している場合もあります。その他、子ども・家庭を支援するための相談員、運営にかかる事務を専門に行う事務員、大型児童館等大規模な施設や設備を有する児童館等では、施設・設備、装置等の維持管理に必要な用務作業を担当する職員や専門的な知識や技術を要する業務を担当する職員等が配置されていることもあります。

---

30：平成 31 年 3 月 29 日厚生労働省子ども家庭局子育て支援課（事務連絡）「児童館に係る Q ＆ A について」

# 1

# 児童館活動・運営に
関する業務

　児童館職員には、児童館を利用する子どもに直接関わる業務以外に、児童館の
運営や活動をよりよくするための施設管理や安全管理などに関する多くの業務が
あります。また、地域の子どもや子育て家庭等に目を向け、地域と連携した活動
を行い、地域の子どもの健やかな育成環境づくりを行うことも業務となっている
ことがあります。児童館活動及び運営に関する業務は、児童館ガイドラインに以
下のとおり示されています。

## (1) 児童館の目標、事業・活動計画

　児童福祉施設として地域の実情に合わせた児童館の目標、事業や活動の年間計
画等を設定します。前年度の活動を振り返り、子どもや保護者、行政課題や地域
のニーズを踏まえ、地域の環境や近隣の学校や地域行事、季節ごとの事業内容な
どについて、職員が話し合いながら計画を検討します。とりわけ児童館活動に
は、メイン利用者となる子どものニーズを把握し反映することが重要となります。
様々な方法で子どもの声を聴き、子どもが求める遊びや活動を柔軟に取り入れ、
子ども主体の児童館活動にしていくことが求められます。

## (2) 安全点検、衛生管理、清掃・整理整頓

### ① 安全点検

　児童館は、地域の多様な子どもや保護者、地域の人たちが安心・安全に利用で

きるように、施設・設備、遊具等の安全点検や衛生管理を行うことが求められます。日常の点検は、安全点検簿やチェックリスト等を設け、施設の室内及び屋外・遊具等の点検を毎日実施することが大切です。また、定期的に詳細な点検を行い、改善すべき点があれば迅速に対応しましょう。

② **衛生管理**

　児童館は、不特定多数の子どもが利用して集団活動が行われる場所であるため、共用する施設、設備、備品などが清潔な環境に保たれるように、日頃から受付カウンター、手洗い場（蛇口等）、トイレ、靴箱、床（畳・カーペット）、遊具、テーブル、椅子、扉や窓の取手、照明・電気機器のスイッチ、手すり、ドアノブ、本棚などの高頻度接触部位の衛生管理に努めます。清掃・消毒のマニュアルやチェックリスト等を作成して運用するとともに、実施した結果を記録することも大切です。特に近年では、感染症の予防に努めることが必須の業務となっているため、あらかじめ感染症対策を含む衛生管理について対応方針を定めておくことが求められます。これは、職員等の労働環境整備としても必要です。

③ **清掃・整理整頓**

　施設の清掃・整理整頓は、児童館の第一印象をつくるとともに、利用者が気持ちよく児童館で過ごせるようにする環境整備の業務となります。清掃業者が入る児童館もありますが、清掃や整理整頓作業から施設の危険箇所、修繕が必要な設備や遊具などが見つかることもあり、子どものケガや事故の未然防止の観点から職員のチェックが必要です。利用者から備品や遊具の劣化や破損などの指摘を受ける前に日々の点検を丁寧に行います。利用する子どもに施設・遊具の適切な利用方法を伝え、安全に遊べるようにするとともに、子どもが遊具や図書などを使いやすく片付けやすい環境構成を確認し、子どもと一緒に整理整頓を行うよう習慣づけていくことも大切です。

## （3）活動や事業の結果共有、ふりかえり

　活動や事業が終わった後、当初の計画や目標が達成できたか、参加者の様子や

反応はどうであったかなどについてふりかえりを行い、参加者のアンケートなどとともにその結果や成果を職員全体で共有します。その活動・事業を実施してよかったことを参加者や地域、児童館の様々な視点から評価します。あわせて、うまくいかなかったこと、気になったこと、今後も続けていくべきことなどを出し合って、その内容を記録して次回のよりよい活動につなげましょう。

## （4）運営に関する会議・打ち合わせ

　児童館の方針や子どもへの関わり方などは、職員間の申し合わせや引継ぎ等のための会議や打ち合わせを行って、共通理解をもつことが重要です。職場の風通しや職員間の意思疎通などチームワークに必要なコミュニケーションになるとともに、利用者の信頼にもつながります。特に、年度またぎの人事異動や配置換え、業務担当の変更がある場合は、運営に支障を来さないよう適切かつ迅速な引継ぎを行いましょう。活動内容や運営体制など職員全体で確認が必要な事項は、短くてもしっかり資料を準備するなり会議・打ち合わせを設けるなどして、職員間で意思疎通を図りましょう。職員一人ひとりが意見を出し合えるような雰囲気づくりも大切です。

## （5）利用状況、活動内容等の記録

　児童館の毎日の職員体制、来館者数、主な活動や行事等の活動内容とともに、その日の子どもの様子やケガやトラブルの発生状況とその対処などを日報や日誌などに記録します。また、保護者や地域の人からの意見、要望や苦情に関する対応の経過を記録し、内容や対応について職員間で共有します。子どもや保護者等からの苦情には、「社会福祉事業の経営者による福祉サービスに関する苦情解決の仕組みの指針」[31] において、「苦情受付担当者は、苦情受付から解決・改善ま

---

31：「社会福祉事業の経営者による福祉サービスに関する苦情解決の仕組みの指針」（平成29年3月7日雇児発0307第1号・社援発0307第6号・老発0307第42号厚生労働省雇用均等・児童家庭局長、社会・援護局長、老健局長通知）

での経過と結果について書面に記録をする」こととしています。職員会議等で共有するとともに、出勤していなかった職員にも記録でその日あったことを共有することができ、職員の共通認識のもと、児童館の運営と活動事業の向上に生かします。

## （6）業務の実施状況・施設の管理状況等の記録

　児童館の利用状況や活動内容など利用者へのサービス面の記録とともに、業務全体の実施状況、安全点検等施設の管理状況の記録、物品の購入・保管の記録、避難訓練の記録、内部の会議内容や外部の会合への出席等の記録などのマネジメント面についても、日々の業務の中で行った事柄を業務日誌等に客観的に記録します。自治体や運営主体からの事務連絡、関係機関からの情報提供、学校、地域の関係機関との会合の内容などについても記録します。事故やケガが発生した場合の記録は、発生時刻や場所、内容やその対処の経過を迅速かつ正確に記録し、その後の適切な対応や再発防止のための検討に生かします。また、事故の報告や説明が求められる場合の基礎資料になります。職員が業務の経過や状況を共有し、職場で起こっていることを俯瞰して把握することができるよう、各種の記録をとることを心がけましょう。

## （7）広報活動

　児童館は、地域の子ども・子育て支援のための公共施設として、子どもの福祉を増進する児童福祉施設として、地域に広く情報発信することが必要です。小学生や中・高校生世代に向けた広報とともに、保護者、地域の関係者や地域住民にそれぞれわかりやすい内容や表現を工夫します。また、学校や保育所・幼稚園、児童委員・主任児童委員等、地域の子ども・子育て支援関係者に児童館の行事等への出席を依頼し、児童館での子どもの様子を見てもらうようにするとともに、学校や保育所・幼稚園等から入学（入園）式、卒業（卒園）式、運動会等の出席

依頼があった場合は積極的に出向き、保護者と一緒に子どもの成長を見守る機会をつくりましょう。児童館の職員の業務の一環として、保護者、地域の関係機関、行政等に児童館の活動を広報していくことが大切です。

# 2

# 児童館長の職務

　児童館長は、児童館の現場責任者です。児童厚生員のまとめ役として職員間のチームワークを高め、地域に存在感のある児童館の運営・活動を統括する職務となります。児童館長は、全国の児童館の約9割に配置されています。児童館長が保有する主な資格は、保育士（34.9％）、幼稚園教諭（28.1％）、小学校教諭（18.3％）、中学校教諭（23.0％）、高校教諭（18.4％）、社会福祉士（3.1％）などの国家資格のほか、放課後児童支援員（26.8％）、児童厚生員等研修の所定の科目を修了して取得する認定児童厚生員資格[32]（20.7％）などとなっています[7]。児童館長のキャリアは、児童厚生員、幼稚園長や学校長 OB、保育所長や保育士、他の児童福祉施設の職員、行政事務職 OB、関係団体・機関の職員、地域の代表等様々です。それぞれのキャリアを通した経験を生かして児童館の管理運営に当たります。専任の児童館長が配置されている児童館では、児童館ガイドラインに基づくすべての活動内容の実施率が高かったことが実態調査の結果[7]から明らかとなっています。児童館長の主な職務は、以下のとおりです。

## （1）利用者の状況把握、運営統括

　児童館を利用している子どもや保護者の状況とともに、児童館に来ない子どもの状況など地域の子どもに関する様々な状況や情報を把握し、児童館が地域に機能するよう運営統括の責任者としての職責を果たします。

---

32：一般財団法人児童健全育成推進財団の児童厚生員研修体系に基づき、独自に認定する任意資格（児童健全育成指導士、児童厚生1級特別指導員、児童厚生1級指導員、児童厚生2級指導員）

## (2) 児童厚生員の業務の円滑遂行

　児童厚生員の業務状況を把握するとともに、職場の労働環境や職員間の人間関係、メンタルヘルスやハラスメントなどにも気を配り、仕事がしやすい職場づくりを心がけます。児童厚生員の研修のニーズを踏まえ資質向上の機会をつくり、職務が円滑に進められるよう支援し、職場の士気やチームワークを高めます。

## (3) 地域の社会資源等との連携

　地域に根差した児童館とするために、学校や保育所・幼稚園、児童委員・主任児童委員等、地域の子ども・子育て支援関係者等との信頼関係を築き、児童館活動への協力・支援が得られるよう、社会資源と連携して子育て環境の充実を図るためのコミュニティワークを先導します。

## (4) 苦情・要望への対応

　児童館の管理運営責任者として、子どもや保護者、地域住民等からの苦情・要望を聴き、児童厚生員と協力して適切に対応し、運営や活動の改善・充実を図ります。子どものケガや揉めごと、子どもの声や来館者の自転車や車の置き方などはトラブルにつながりやすく、クレームを受けた場合は状況把握に努め、現場責任者として誠実かつ迅速に対応します。

## (5) 子育て相談、関係機関との連携

　児童館長は、児童厚生員や保育士、幼稚園・学校教諭等の勤務経験があることが多いことから、子育てに関する相談を受けることがあります。保護者等が話しかけやすい存在となるよう努めます。また、必要に応じて地域の関係機関と連携し、情報共有するなど、子ども・子育て家庭を支援します。

## (6) 保護者への連絡

　子どもの健康や行動について気になることがある場合は、保護者に連絡します。特に、子どもの体調不良やケガ、事故や友達とのけんかなど保護者が心配するような問題が発生した場合は、発生時の状況を見ていた児童厚生員等に事実関係を確認し、管理責任者として理解・把握し、適切かつ迅速に保護者に連絡し、説明責任を果たすことが求められます。

# 3

# 児童厚生員の職務

　児童厚生員は、利用する子どもの日々の遊びや生活を支援し、様々な活動を企画・実施するとともに、子どもの声に耳を傾け、子どもの気持ちに寄り添い、子どもを支援することが基本的な職務となります。保護者や地域の人たちと信頼関係・友好関係を築き、子どもの健全育成と子育て支援の専門職としての役割を発揮します。児童厚生員（常勤）が保有する主な資格は、保育士（48.9%）、幼稚園教諭（32.3%）、小学校教諭（11.8%）、中学校教諭（16.8%）、高校教諭（12.4%）、社会福祉士（2.3%）などの国家資格のほか、放課後児童支援員（44.8%）、認定児童厚生員資格[31]（25.5%）などとなっています[7]。

　児童厚生員の主な職務は、児童館ガイドラインに以下のとおり示されています。

## （1）子どもの育ちと子育てに関する実態把握

　児童厚生員は、子どもと子育てに関する地域の実態や課題を把握するため、利用する子どものニーズを把握するとともに、保護者や地域の関係者と積極的に会話して情報取集を行います。多様な年齢の多様な子どもが利用できる施設ですので様々な年齢層の発達過程や心身の状態などを理解した上で、子どもや保護者の気持ちに寄り添った支援や対応が求められます。

## （2）子ども一人ひとりと集団の支援

　児童厚生員は、子どもの遊びを援助するとともに、遊びや生活に密着した活動を通じて子ども一人ひとりと子ども集団の主体的な成長を支援します。児童館に

来館した子どもはそれぞれ過ごし方が異なります。一人ひとりが自由で楽しく過ごせるよう近くで見守り、必要な場合に援助します。また、仲間との集団遊びや活動に広がるよう子ども同士の関係を調整し支援します。

## (3) 特に援助が必要な子どもへの支援

　児童厚生員は、障害のある子ども、家庭や友人関係等に悩みや課題を抱える子ども、いじめを受けた子ども、虐待など福祉的な課題がある子どもなど、発達や家庭環境などに特に配慮や援助が必要な子どもの支援を行います。

## (4) 子どもの遊びや生活の環境を整備

　児童厚生員は、地域で子ども・子育て支援のための活動を行っている関係機関・団体等と協力して、子どもの遊びや生活の環境を整備します。社会資源との連携やネットワークの活用により、子どもが伸び伸び遊べ、保護者が子育てしやすい地域の環境づくりを目指します。

## (5) 児童虐待の早期発見、対応

　児童厚生員は、保護者同士の交流や子育てに関する保護者への情報提供により、子育ての不安やストレスが緩和されるよう配慮します。また、児童館長とともに児童虐待の早期発見に努め、市町村や児童相談所と協力して組織的に対応するようにします。

## (6) 個別支援記録・継続的な援助

　児童厚生員は、遊びや活動時の子どもの様子を観察するとともに、配慮が必要とされる子どもについては、個別支援記録（ケース記録）をとり、職員間で情報

共有し継続的に支援します。個別支援記録は、子どもの状況や経過の客観的な把握に役立ち、他の機関との連携が必要となった際には正確に情報共有する資料となり、対象となる子どもの理解を深め、支援の方法を検討することを可能とします。また、虐待が疑われる子どもを確認した場合は、児童館の利用の有無にかかわらず個別に記録するよう心がけ、必要に応じて関係機関と連携して適切に対応します。

## （7）子育て相談、関係機関との連携

　児童厚生員は、乳幼児親子が集まる子育て支援の取組に参加した保護者や児童クラブに登録している子どもをお迎えに来た保護者等から、子どものことや保護者本人のことについて話を聴くことがあります。何気ない会話や子どもの様子の伝え合いから、児童厚生員に悩みや困りごとが打ち明けられることもあります。児童厚生員は、気軽に相談できる存在となるよう努めます。また、保護者から受けた相談内容は、差し支えがない範囲で児童館長や他の職員と共有しながら、必要な場合は関係機関と連携して解決に努めます。

【参考6】「児童厚生員」の名称について

---

### 「児童厚生員」の名称

　昭和22年、児童福祉法制定からほどなく児童福祉施設最低基準（昭和23年12月29日厚生省令第63号）が策定されました。当時の最低基準には、「児童厚生施設には、児童厚生員（児童厚生施設において、児童の遊びを指導する者をいう。以下同じ。）を置かなければならない」と明記していました。児童厚生員は、児童厚生施設に配置された職員の専門性を表し、子どもの「生（生活・人生）」を「厚く（ゆたかに）する」職務を意味しています。そのため、児童館職員については、児童館を設置する地方自治体においても「児童厚生員」の名称・呼称が公式に使用され、多くの児童館職員が自らの社会的役割を表す職名として矜持をもってこれを名乗っていました。東京都内の公設公営の児童館には、公務員として採用された児童館の専門職となる「児童厚生職」を置く区市もありました。

　平成9年の地方分権推進委員会[33]において、「省令に規定する児童厚生員の職務上の名称に関する規制は廃止し、児童福祉施設の専門的職員は、一定の資格を有する者もしくはこれに準ずる者として児童厚生施設設置者が適当と認めたものでなければならない」とする勧告がありました。法律上、政令に根拠をもたない職務上の名称規定を見直すべきとする理由から、平成10年、「児童厚生員」はその説明書きであった「児童の遊びを指導する者」に改正され[34]、現在の「児童福祉施設の設置及び運営に関する基準」第38条の「児童厚生施設には、児童の遊びを指導する者を置かなければならない」となりました。

---

33：地方分権推進委員会－地方分権の推進に関する事項について調査審議することを目的に、平成7年に内閣総理大臣の諮問機関として設置され、平成8年から平成10年にかけ5回の勧告を行い、平成13年に最終報告を行っている。

34：「児童福祉法施行令等の一部を改正する政令並びに児童福祉施設最低基準等の一部を改正する省令及び児童福祉法施行規則等の一部を改正する省令の施行について」（障第76号・児発第84号 平成10年2月18日厚生省大臣官房障害保健福祉部長・児童家庭局長通知）

　しかし、「児童厚生員」の名称・呼称は、児童館設置自治体において一般化し、各地域の利用者にも浸透していたことや「児童厚生員」の職名に対する児童館職員の矜持などから、その後も全国の児童館において「児童厚生員」の名称・呼称が使い続けられています。

　「児童の遊びを指導する者」の名称では、児童館職員の職務内容が限定されたり矮小化されたり、地域に期待される役割と乖離する恐れがあり、実際の職務内容に相応しい名称に見直す必要があるとして、今なお児童福祉の研究者や児童館の職員・関係者から指摘されています。

# 4

# 児童館の職場倫理

　児童館は、関係する法令を遵守することとともに、児童福祉施設である児童館に従事する職員全体に要求される職業倫理を意識することが重要となります。児童館長、児童厚生員、アルバイト職員、ボランティア等児童館の活動に関わるすべての従事者が職場倫理を自覚して、それぞれの職務に当たるよう組織的に取り組むことが求められます。専門性のある職業は他の職業に比べて、伝統的に重い社会的責任と高い道徳性が必要とされます。

　児童館における職場倫理は、児童館の社会的役割や専門性を利用者や地域社会に自ら示す行動基準となり、子どもや保護者の権利を守るとともに、児童館の社会的信用を守り、子どもに関わる仕事をする職員の支えとなります。職場倫理を職員が共通理解し、職員一人ひとりが倫理規範の意識と資質向上に努め、児童館の運営や活動の充実に役立てるよう職責を果たすことが求められます。

## （1）倫理規範の共有

　児童館職員は、ゆたかな人間性とともに、倫理規範を常に意識し、遵守することが求められます。児童館で活動するボランティアにも同様に求められます。

　児童館職員は、地域の子どもや保護者等の個人情報や秘密を知り得る立場にあり、児童館を利用する子どもに影響を与える存在です。子どもの権利を守ることとともに、児童館の社会的信用につながることから、児童館職員及び児童館において子どもに関わるすべての者が共通の倫理観をもって職務に当たることが求められます。倫理観とは、人として守るべき善悪や是非の判断の基準や捉え方・考え方です。

## ○職業倫理と職場倫理

　児童福祉法に規定されている児童館は、まず遵守すべきものに「法令」があります。児童館の関係法令には、日本国憲法、児童福祉法をはじめとする子どもに関係する各種法律等、関係省令や通知、自治体の条例なども含まれます。コンプライアンスは"法令遵守"と説明されますが、その概念は法律・命令等とともに倫理規範や社会道徳も含むものと捉えることが一般的な解釈となっています。児童館が社会的な役割や期待を果たすための適切な運営管理の前提となります。「倫理規範」は、人として、又は職務上自ら守るべき行動基準です。

　「職業倫理」は、特定の仕事・職業に要求される、又はその従事者に共通して求められる固有の倫理的な行動基準となります。すべての児童館職員が、職業倫理をもって子どもに関わることが求められます。

　「職場倫理」は、児童館の社会的責任として、児童館長、児童厚生員、ボランティアほか、児童館の職場で子どもに関わるすべての人がもつ共通の行動基準となります。

　そのほか、就業規則や倫理規程、服務規律などの諸規定にのっとって職務に当たることもコンプライアンスの範囲となります。

　また、倫理規範の背景に、人としてあるべき姿やなすべき正しい行為として地域社会で共有されているルールやマナーとなる「社会道徳」があります。

　（図表8）コンプライアンスの概念

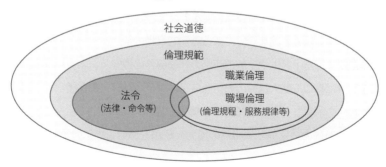

## (2) 児童館職員に求められる倫理

　児童館職員は、子どもの人権に十分に配慮し、一人ひとりの人格を尊重して、活動を行うことが求められます。児童福祉法や児童の権利に関する条約等に規定する子どもの人権尊重を理解して日々の職務に当たります。

　児童館は、不特定多数の多様な子どもたちが利用しますが、一人ひとりの子どもがもつ権利や個性を尊重し、子どもに対する言動や態度にも配慮することが重要です。遊びや活動の場面でも職員には悪気のない言葉や行動が、子どもを傷つけてしまうことがないとは限りません。子どもに不安感を持たせるような行為や保護者の誤解を招くような行為、地域の人たちや第三者に不信感を抱かせるような行為を慎むとともに、子どもの前であるべき姿、積極的になすべきことなど児童館職員のあり方について、職員間で共通認識がもてるよう申し合わせておくことも重要です。たった一人の倫理的逸脱行為が、先達の築いた児童館総体の評価、及び児童館職員全体の社会的信頼を失墜させることになります。

　児童福祉法第33条の10及び11（※参考7）における、施設職員による子どもへの虐待行為の禁止とともに、児童館ガイドラインでは、関係法令を遵守し職場倫理を自覚して、以下の項目について組織的に取り組むこととしています。


○ 子どもや保護者の人権への配慮、一人ひとりの人格の尊重と子どもの権利擁護

○ 虐待等の子どもの心身に有害な影響を与える行為の禁止

○ 国籍、信条又は社会的な身分による差別的取扱の禁止

○ 業務上知り得た子どもや家族の秘密の守秘義務の遵守

○ 関係法令に基づく個人情報の適切な取扱、プライバシーの保護

○ 保護者への誠実な対応と信頼関係の構築

○ 児童厚生員等の自主的かつ相互の協力、研鑽を積むことによる、事業内容の向上

○ 事業の社会的責任や公共性の自覚

【参考7】児童福祉法に規定する子どもへの虐待の防止について

> 　児童福祉法では、児童福祉施設に入所、通所、利用する子どもへの職員による虐待行為を禁止しています。（法第33条の11）
>
> 　子どもへの虐待として例示されている行為は次のとおりです。（法第33条の10）
>
> ※以下、要約
>
> 1　子どもの身体に暴行を加えること。
>
> 2　子どもにわいせつな行為をすること、させること。
>
> 3　子どもへの著しい減食、長時間の放置、他の子どもによるわいせつ行為や暴言などの行為の放置、施設職員としての業務を著しく怠ること。
>
> 4　子どもへの著しい暴言、拒絶的な対応など、子どもに著しい心理的外傷を与える言動を行うこと。
>
> ※原文は本書関係法令・通知集に掲載しています。

## （3）子どもに直接関わる大人としての身だしなみ

　児童厚生員の身だしなみの基本は、利用者を不快にさせないように身なりを整えることです。保護者や地域の人たちに対応することもあるため、子どもだけでなく大人にも清潔感や安心感のある印象をもたれるように、髪型や服装、履物などとともに、日頃からの言葉遣いや所作などにも気を配ることが大切です。

　児童館では、子どもを見た目で判断することがあってはなりませんが、児童館の職員は、子どもや保護者、地域の人たちから見た目でも判断されていると捉えて、児童館の職員として、社会人として、業務の内容やその日その時の行事等ＴＰＯに合った髪型や服装を心がけることが大切です。子どもと運動遊びやクッキングをするときの恰好と学校の卒業式や地域の会合に出席するときの装いは当然異なりますが、子どもにその行為や立ち居振る舞いを見せることもエチケットや

マナーの文化的伝承であり社会的参照の機会となります。児童館職員がおしゃれであることを否定するものではありませんが、日常の業務の場面では、ラフ過ぎず、華美過ぎず、奇抜・奇矯な恰好を避け、「清潔感」「安心感」「安全性」「衛生的」「機能性」を重視したゆるやかなドレスコードを心がけましょう。

## （4）倫理規範の明文化

　児童館における職場倫理は、職員の道徳心に委ねるだけではなく、関係法令や児童福祉施設の職員総体にかかる職業倫理に基づき、各児童館において明文化することが必要です。職場で共有される倫理規範が、職員一人ひとりが専門職としての自覚を強めることにつながります。児童館の運営主体とともに組織的に職場倫理の確立に取り組みましょう。

---

**【職場倫理の項目例】**
- ○　事業の社会的責任と健全な業務運営
- ○　法令や社会的ルールの遵守
- ○　適正な会計管理、情報公開
- ○　子ども・保護者など、利用者の人権への配慮
- ○　守秘義務の遵守と個人情報の保護
- ○　差別やセクシャルハラスメント、パワーハラスメントの禁止
- ○　要望・苦情への対応
- ○　業務内容の向上への取組、最良の実践活動の追求

---

　なお、平成25年12月、「第13回全国児童館・児童クラブ大会東北復興支援フォーラム」において、全国児童厚生員研究協議会の提案により児童厚生員等の倫理綱領（福島宣言）が採択されました。その前文には「豊かな人間性と専門性を保持・向上することに努め、専門職者の自覚と誇りをもってその職責をまっとうすることを宣言する」と明文化されており、全国の児童厚生員等が自ら宣言する倫理綱領として採択されています。（※参考８）

【参考8】児童厚生員・放課後児童指導員の倫理綱領について

## 児童厚生員・放課後児童指導員 [35] の倫理綱領

　私たちは、児童館・放課後児童クラブが、児童福祉法の理念を地域社会の中で具現化する児童福祉施設・事業であることを明言する。

　私たちは、児童館・放課後児童クラブの仕事が、地域における子どもの最善の利益を守る援助者として専門的資質を要する職業となることを強く希求する。

　そのため、私たちはここに倫理綱領を定め、豊かな人間性と専門性を保持・向上することに努め、専門職者の自覚と誇りをもってその職責をまっとうすることを宣言する。

1、　私たちは、子どもの安心・安全を守って、その最善の利益を図り、児童福祉の増進に努めます。
2、　私たちは、子どもの人権を尊重し個性に配慮して、一人ひとりの支援を行います。
3、　私たちは、身体的・精神的苦痛を与える行為から子どもを守ります。
4、　私たちは、保護者に子どもの様子を客観的かつ継続的に伝え、保護者の気持ちに寄り添って、信頼関係を築くように努めます。
5、　私たちは、地域の健全育成に携わる人々・関係機関と連携を図り、信頼関係を築くように努めます。
6、　私たちは、事業にかかわる個人情報を適切に保護(管理)し、守秘義務を果たします。
7、　私たちは、子どもの福祉増進のために必要な情報を公開し、説明責任を果たします。
8、　私たちは、互いの資質を向上させるために協力して研さんに努め、建設的に職務を進めます。
9、　私たちは、地域において子育ての支援に携わる大人として人間性と専門性の向上に努め、子どもたちの見本となることを目指します。

平成 25 年 12 月 15 日

全国児童厚生員研究協議会

---

35：放課後児童指導員の職名は、現在は「放課後児童支援員」となっています。

# 関係法令・通知集

## ●児童館の関係法令・通知等

　児童館について規定した法令・通知には、法律に「児童福祉法」、省令に「児童福祉施設の設備及び運営に関する基準」があり、厚生事務次官通知の「児童館の設置運営について」の別紙となる児童館の設置運営要綱とその運用に当たっての留意事項として厚生省児童家庭局長通知となる「児童館の設置運営について」があります。これらに基づいて児童館の運営や活動内容を具体的に示した「児童館ガイドライン」があります。

　また、児童館を直接的に規定するもののほか、児童の権利に関する条約、社会福祉法（昭和 26 年法律第 45 号）、児童虐待の防止等に関する法律（平成 12 年法律第 82 号）、こども基本法（令和 4 年法律第 77 号）等、児童館の運営や活動内容に関連・影響する法令・通知は多岐に及んでいます。

　こども基本法の基本理念には、全ての子どもの意見表明の機会や多様な社会的活動に参画する機会の確保、子どもの意見尊重、最善の利益の優先などについて明記されており、これまでの児童館の運営や活動にも相通ずる考え方があらためて示されています。

（図表 9 ）児童館の主な関係法令・関係通知

| 区分 | 法令・通知名 | 規定・通知事項 |
|---|---|---|
| 法律 | 児童福祉法 | 児童福祉施設の 1 種として、児童館の「目的」を規定 |
| 省令 | 児童福祉施設の設備及び運営に関する基準 | 児童館の「設備の基準」「職員」「遊びの指導を行うに当たつて遵守すべき事項」「保護者との連絡」について規定 |
| 通知 | 児童館の設置運営について（厚生事務次官通知）（別紙）児童館の設置運営要綱 | 児童館の「種別」「機能」「設置及び運営の主体」「設備」「職員」「運営」「国の助成」について規定 |
| | 児童館の設置運営について（厚生省児童家庭局長通知） | 児童館の設置運営要綱の運用に当たっての留意事項として、児童館の種別ごとの「機能」「対象児童」「運営」の具体的内容、「設置及び運営の主体」について通知 |
| | 児童館ガイドラインの改正について（別紙）児童館ガイドライン | 児童館の運営や活動が地域の期待に応えるための基本的事項を示し、望ましい方向を目指すものとして、児童館の「理念」「施設特性」「子ども理解」「機能・役割」「活動内容」「職員」「運営」について通知 |

※上記法令・通知は「P.97 〜 135」に掲載

（1）　児童福祉法（昭和 22 年法律第 164 号）

　　児童福祉法第 40 条に「児童厚生施設は、児童遊園、児童館等児童に健全な遊びを与えて、その健康を増進し、又は情操をゆたかにすることを目的とする施設とする」と規定しています。児童福祉施設の 1 種として、児童館の目的を規定するもので、児童館を規定する最上位の法令となります。

（2）　児童福祉施設の設備及び運営に関する基準（昭和 23 年厚生省令第 63 号）

　　児童福祉施設の設備及び運営に関する基準は、児童福祉施設の最低基準を定めた省令であり、児童館の設備、職員等運営に関する事項も規定されています。平成 24 年の児童福祉法の一部改正において、児童館を含む児童福祉施設の人員や設備・運営の最低基準を地方自治体（都道府県・指定都市・児童相談所設置市）が条例で定めることについて委任すること（条例委任）と変更されました。児童館の設置運営は、児童福祉施設の最低基準を踏まえて、児童福祉法第 45 条に基づいて都道府県等が条例で定めることとなっています。

　　第 37 条（設備の基準）、第 39 条（遊びの指導を行うに当たつて遵守すべき事項）、第 40 条（保護者との連絡）に記載する事項は「参酌すべき基準」となります。第 38 条（職員）については、「従うべき基準」として児童の遊びを指導する者（児童厚生員）の配置と該当する者が規定されているため、地方自治体がこれに従って条例に定めることとなっています。

　　児童厚生員として配置される人数は、児童館の設置運営要綱で 2 人以上の児童の遊びを指導する者（児童厚生員）を置くほか、必要に応じ、その他の職員を置くこととしていますが、「児童館に係る Q ＆ A について」（平成 31 年 3 月 29 日事務連絡）において「児童厚生員 2 名の配置は法令上義務付けられたものではなく、来所する児童数等を勘案し、地域の実情に応じ 2 名のうち 1 名は児童厚生員を補助する役割の者とすることは、自治体の裁量により可能である」としています。

（図表 10）児童福祉施設の設備及び運営に関する基準（児童館関係部分抜粋）

| 条文 | 内容 | 該当基準 |
|---|---|---|
| 第 37 条 | （設備の基準）<br>　児童館等屋内の児童厚生施設には、集会室、遊戯室、図書室及び便所を設けること。 | 参酌すべき基準 |
| 第 38 条 | （職員）<br>　児童厚生施設には、児童の遊びを指導する者を置かなければならない。<br>　児童の遊びを指導する者は、次の各号のいずれかに該当する者でなければならない。<br>※以下、要約<br>① 児童福祉施設職員の養成校等を卒業した者<br>② 保育士（特区限定保育士含む）資格を有する者<br>③ 社会福祉士資格を有する者<br>④ 高卒者等で 2 年以上児童福祉事業に従事したもの<br>⑤ 幼稚園、小学校、中学校、高校等の教諭免許状を有する者<br>⑥ 大学・大学院等において、社会福祉学、心理学、教育学、社会学、芸術学、体育学を専修する学科又は課程を修めて卒業した者等であつて、児童厚生施設の設置者が適当と認めたもの<br>※原文は本書関係法令・通知集に掲載しています。 | 従うべき基準 |
| 第 39 条 | （遊びの指導を行うに当たつて遵守すべき事項）<br>　児童厚生施設における遊びの指導は、児童の自主性、社会性及び創造性を高め、もつて地域における健全育成活動の助長を図るようこれを行うものとする。 | 参酌すべき基準 |
| 第 40 条 | （保護者との連絡）<br>　児童厚生施設の長は、必要に応じ児童の健康及び行動につき、その保護者に連絡しなければならない。 | 参酌すべき基準 |

〈条例委任する場合の基準設定の類型〉

| 従うべき基準 | ○「従うべき基準」とは、必ず適合しなければならない基準<br>○ 条例の内容は、法令の「従うべき基準」に従わなければならない<br>○ 法令の「従うべき基準」と異なる内容を定めることは許容されないが、基準を上回る内容を定めるなど当該基準に従う範囲内で、地域の実情に応じた内容を定めることは許容される |
|---|---|
| 参酌すべき基準 | ○「参酌すべき基準」とは、十分参照しなければならない基準<br>○ 条例の制定に当たっては、法令の「参酌すべき基準」を十分参酌した上で判断しなければならない<br>○ 地方自治体が法令の「参酌すべき基準」を十分参酌した結果であれば、地域の実情に応じて、異なる内容を定めることは許容される |

（3）　児童館の設置運営について

○　児童館の設置運営について（厚生省発児第 123 号厚生事務次官通知）

　　別紙となる児童館の設置運営要綱には、児童館の種別とともに、種別ごとの機能、設置及び運営の主体、設備（諸室、建物の広さ）、職員、運営（運営管理規定、運営委員会の設置）、国の助成の概要が示されています。また、児童センターの運営には、小型児童館に記載のない体力増進指導や年長児童指導の内容及び方法が示されています。

○　児童館の設置運営について（児発第 967 号厚生省児童家庭局長通知）

　　児童館の設置運営要綱の運用に当たっての留意事項として、児童館の種別ごとの機能の具体的内容、対象児童、運営の具体的内容（運営委員会の設置、利用児童の把握、遊びの指導、利用時間、地域社会及び関係機関等との連携）、設置及び運営の主体等について具体的に示されています。

（4）　児童館ガイドライン（平成 30 年 10 月 1 日子発 1001 第 1 号厚生労働省子ども家庭局長通知別紙）

　　児童館ガイドラインは、子どもの貧困やいじめ、虐待、地域での子どもの福祉的課題が顕在化し、子ども・子育て支援の必要性が強調される中、平成 23 年 3 月に発出されました。児童館の運営や活動が地域の期待に応じるための基本的事項を示し、望ましい方向を目指すもの（地方自治法に規定する技術的な助言）として各地方自治体宛てに通知されました。折しも、東日本大震災の発災直後で、その通知発出がためらわれるようなタイミングでしたが、東北を中心とする被災地域では児童館をはじめ多くの子どもの居場所が損壊・流出した現実を踏まえ、子どもの居場所の復旧・復興に役立つ新たな羅針盤となる期待を含み、発災から 20 日後に発出されたものです。そして、児童館ガイドラインの策定から 5 年後の平成 28 年には児童福祉法が改正されました。その改正は、児童の権利に関する条約の精神に基づき、第 1 章総則から子どもを「保護対象」とする大人視点から、子どもを「権利主体」とする子ども視点に書き換えられる、児童福祉の基調を根本的に見直す改正

となりました。児童福祉法を根拠とする児童福祉施設に位置付けられている児童館に、児童福祉法の大改正の核心を反映させるとともに、子ども・子育て支援法（平成24年法律第65号）、子どもの貧困対策の推進に関する法律（平成25年法律第64号）、いじめ防止対策推進法（平成25年法律第71号）、放課後児童健全育成事業の設備及び運営に関する基準（平成26年厚生労働省令第63号）、放課後児童クラブ運営指針（平成27年雇児発0331第34号厚生労働省雇用均等・児童家庭局長通知）等児童館ガイドライン発出以降に策定・施行されたその他の関係法令・通知の内容に整合させ情報更新する必要がありました。また、子どもの貧困、児童虐待など今日的課題に対応して、子ども・家庭支援のためのソーシャルワーク的な実践を行う児童館が増えてきた現状を踏まえ、児童福祉施設としての更なる機能拡充を目指し、改正前の児童館ガイドラインの6項目25節・約5,500字から、全9章の構成で39項目、約14,700字に拡充されました。子どもの権利を基調とした前文になり、それまでの児童館ガイドラインに記載されていた児童館の理念、目的、機能・役割、活動内容、職員、運営等に加え、新たに施設特性、社会的責任、子ども理解、子どもの安全対策・衛生管理が書き加えられ、より充実した内容にバージョンアップして、平成30年10月に発出されました。

○児童館ガイドライン改正のポイント

平成30年の児童館ガイドラインの改正では、全文を通して児童館職員が理解しやすく具体的に参考になるような内容及び平易な文章が意識されました。厚生労働省子ども家庭局長通知の本文に改正のポイントとして6点示されています。

**（1）子どもの意見の尊重、子どもの最善の利益の優先等の追記**

　平成28年の児童福祉法改正の趣旨に基づいて、改正前の児童館ガイドラインの理念の記載内容に加えて、児童の権利に関する条約に掲げられた精神にのっとり、子どもの意見を尊重することや最善の

利益を優先することが追記されました。この理念は、児童館ガイドラインに記載されている「機能・役割」「活動内容」「職員」「運営」のすべての項目の前提となっています。

**（2）児童館の施設特性を「拠点性」「多機能性」「地域性」に整理**

　　児童館の施設特性として「児童館は、子どもが、その置かれている環境や状況に関わりなく、自由に来館して過ごすことができる児童福祉施設である」ことを明確化し、その役割を果たすために「子ども」を主語として子どもの主体的かつ能動的な権利を充実させることが明記されました。また、児童館の特性が、①拠点性、②多機能性、③地域性の３点に整理されています。

**（3）子どもの発達課題や特徴等を追記**

　　第２章として「子ども理解」の項目が新設され、児童館の対象児童となる０歳から18歳未満の子どもを「乳幼児期」「児童期」「思春期」の３つに区分して、発達面における特徴が解説されています。対象児童の発達課題や特徴に関する記載項目は、保育所保育指針や放課後児童クラブ運営指針にも同様に記載がありますが、年齢幅が広い児童館の職員にはより広く子どもの成長・発達についての理解が求められることから、思春期の発達課題・特徴まで追記されています。

**（4）配慮を必要とする子どもへの対応を具体的に追記**

　　児童福祉施設として重要な観点となる配慮を必要とする子どもへの対応では、改正前の児童館ガイドラインに記載のあった障害のある子どもや悩み・問題を抱える子どもへの対応に加え、いじめへの早期対応や児童虐待等が疑われる場合の速やかな通告、関係機関との連携など適切な対応を求める内容が追記されました。また、児童館を利用する障害のある子どもに対しては、障害を理由とする差別の解消の推進に関する法律に基づき合理的な配慮に努めるよう加筆されています。

## （5）乳幼児支援や中・高校生世代と乳幼児の触れ合い体験の取組等の追記

　　子育て家庭への支援には、保護者同士の子育ての交流を促進することの重要性を強調するとともに、児童館を切れ目のない子育て支援の拠点として幅広い保護者の子育て支援に努めることが記載されています。乳幼児も能動的権利主体であるという趣旨で追記されました。また、中・高校生世代と乳幼児の触れ合い体験の取組は、児童館が仲介者となって、乳幼児と保護者、中・高校生世代等の地域での日常的なつながりや交流のきっかけとなる特徴的な取組としてあらためて記載されています。

## （6）大型児童館の機能・役割の追記

　　小型児童館・児童センターとは種別の異なる「大型児童館の機能・役割」の項目が追加され、その機能・役割とともに施設特性が明記されました。児童館ガイドライン第9章には、A型児童館及びB型児童館の固有の機能・役割が示されています。大型児童館は、その種別によって施設の機能や設備等が異なる部分があり、立地や環境によってもそれぞれ地域固有の特徴があります。施設・設備や活動内容を一般化したり標準化したりすることが難しいことから、大型児童館の特長的な活動内容や特に期待される役割を中心に、「1 基本機能」「2 県内児童館の連絡調整・支援」「3 広域的・専門的健全育成活動の展開」の3つの項目にまとめられています。

# 児 童 福 祉 法（抄）

（昭和22年12月12日法律第164号）

**第1条**　全て児童は、児童の権利に関する条約の精神にのつとり、適切に養育されること、その生活を保障されること、愛され、保護されること、その心身の健やかな成長及び発達並びにその自立が図られることその他の福祉を等しく保障される権利を有する。

**第2条**　全て国民は、児童が良好な環境において生まれ、かつ、社会のあらゆる分野において、児童の年齢及び発達の程度に応じて、その意見が尊重され、その最善の利益が優先して考慮され、心身ともに健やかに育成されるよう努めなければならない。

②　児童の保護者は、児童を心身ともに健やかに育成することについて第一義的責任を負う。

③　国及び地方公共団体は、児童の保護者とともに、児童を心身ともに健やかに育成する責任を負う。

**第3条**　前2条に規定するところは、児童の福祉を保障するための原理であり、この原理は、すべて児童に関する法令の施行にあたつて、常に尊重されなければならない。

**第4条**　この法律で、児童とは、満18歳に満たない者をいい、児童を左のように分ける。

一　乳児　満1歳に満たない者

二　幼児　満1歳から、小学校就学の始期に達するまでの者

三　少年　小学校就学の始期から、満18歳に達するまでの者

**第6条の3**

②　この法律で、放課後児童健全育成事業とは、小学校に就学している児童であつて、その保護者が労働等により昼間家庭にいないものに、授業の終了後に児童厚生施設等の施設を利用して適切な遊び及び生活の場を与えて、その健全な育成を図る事業をいう。

**第7条**　この法律で、児童福祉施設とは、助産施設、乳児院、母子生活支援施設、保育所、幼保連携型認定こども園、児童厚生施設、児童養護施設、障害児

入所施設、児童発達支援センター、児童心理治療施設、児童自立支援施設及び児童家庭支援センターとする。

**第 33 条の 10**

この法律で、被措置児童等虐待とは、小規模住居型児童養育事業に従事する者、里親若しくはその同居人、乳児院、児童養護施設、障害児入所施設、児童心理治療施設若しくは児童自立支援施設の長、その職員その他の従業者、指定発達支援医療機関の管理者その他の従業者、第 12 条の 4 に規定する児童を一時保護する施設を設けている児童相談所の所長、当該施設の職員その他の従業者又は第 33 条第 1 項若しくは第 2 項の委託を受けて児童の一時保護を行う業務に従事する者（以下「施設職員等」と総称する。）が、委託された児童、入所する児童又は一時保護が行われた児童（以下「被措置児童等」という。）について行う次に掲げる行為をいう。

一　被措置児童等の身体に外傷が生じ、又は生じるおそれのある暴行を加えること。

二　被措置児童等にわいせつな行為をすること又は被措置児童等をしてわいせつな行為をさせること。

三　被措置児童等の心身の正常な発達を妨げるような著しい減食又は長時間の放置、同居人若しくは生活を共にする他の児童による前二号又は次号に掲げる行為の放置その他の施設職員等としての養育又は業務を著しく怠ること。

四　被措置児童等に対する著しい暴言又は著しく拒絶的な対応その他の被措置児童等に著しい心理的外傷を与える言動を行うこと。

**第 33 条の 11**

施設職員等は、被措置児童等虐待その他被措置児童等の心身に有害な影響を及ぼす行為をしてはならない。

**第 40 条**　児童厚生施設は、児童遊園、児童館等児童に健全な遊びを与えて、その健康を増進し、又は情操をゆたかにすることを目的とする施設とする。

**第 45 条**　都道府県は、児童福祉施設の設備及び運営について、条例で基準を定めなければならない。この場合において、その基準は、児童の身体的、精神的及び社会的な発達のために必要な生活水準を確保するものでなければならない。

②　都道府県が前項の条例を定めるに当たつては、次に掲げる事項については内閣府令で定める基準に従い定めるものとし、その他の事項については内閣府令で定める基準を参酌するものとする。

一　児童福祉施設に配置する従業者及びその員数

二　児童福祉施設に係る居室及び病室の床面積その他児童福祉施設の設備に関する事項であつて児童の健全な発達に密接に関連するものとして内閣府令で定めるもの

　三　児童福祉施設の運営に関する事項であつて、保育所における保育の内容
　　その他児童（助産施設にあつては、妊産婦）の適切な処遇及び安全の確保
　　並びに秘密の保持並びに児童の健全な発達に密接に関連するものとして内
　　閣府令で定めるもの

⑤　児童福祉施設の設置者は、第1項の基準を遵守しなければならない。

⑥　児童福祉施設の設置者は、児童福祉施設の設備及び運営についての水準の
　向上を図ることに努めるものとする。

# 児童福祉施設の設備及び運営に関する基準（抄）

（昭和23年12月29日厚生省令第63号）

第6章 児童厚生施設

（設備の基準）

**第37条** 児童厚生施設の設備の基準は、次のとおりとする。

　　一　児童遊園等屋外の児童厚生施設には、広場、遊具及び便所を設けること。

　　二　児童館等屋内の児童厚生施設には、集会室、遊戯室、図書室及び便所を設けること。

（職員）

**第38条** 児童厚生施設には、児童の遊びを指導する者を置かなければならない。

2　児童の遊びを指導する者は、次の各号のいずれかに該当する者でなければならない。

　　一　都道府県知事の指定する児童福祉施設の職員を養成する学校その他の養成施設を卒業した者

　　二　保育士（特区法第12条の5第5項に規定する事業実施区域内にある児童厚生施設にあつては、保育士又は当該事業実施区域に係る国家戦略特別区域限定保育士）の資格を有する者

　　三　社会福祉士の資格を有する者

　　四　学校教育法の規定による高等学校若しくは中等教育学校を卒業した者、同法第90条第2項の規定により大学への入学を認められた者若しくは通常の課程による12年の学校教育を修了した者（通常の課程以外の課程によりこれに相当する学校教育を修了した者を含む。）又は文部科学大臣がこれと同等以上の資格を有すると認定した者であつて、2年以上児童福祉事業に従事したもの

　　五　教育職員免許法（昭和24年法律第147号）に規定する幼稚園、小学校、中学校、義務教育学校、高等学校又は中等教育学校の教諭の免許状を有する者

　　六　次のいずれかに該当する者であつて、児童厚生施設の設置者（地方公共団体以外の者が設置する児童厚生施設にあつては、都道府県知事）が適当

と認めたもの

イ　学校教育法の規定による大学において、社会福祉学、心理学、教育学、社会学、芸術学若しくは体育学を専修する学科又はこれらに相当する課程を修めて卒業した者（当該学科又は当該課程を修めて同法の規定による専門職大学の前期課程を修了した者を含む。）

ロ　学校教育法の規定による大学において、社会福祉学、心理学、教育学、社会学、芸術学若しくは体育学を専修する学科又はこれらに相当する課程において優秀な成績で単位を修得したことにより、同法第102条第2項の規定により大学院への入学が認められた者

ハ　学校教育法の規定による大学院において、社会福祉学、心理学、教育学、社会学、芸術学若しくは体育学を専攻する研究科又はこれらに相当する課程を修めて卒業した者

ニ　外国の大学において、社会福祉学、心理学、教育学、社会学、芸術学若しくは体育学を専修する学科又はこれらに相当する課程を修めて卒業した者

（遊びの指導を行うに当たつて遵守すべき事項）

**第39条**　児童厚生施設における遊びの指導は、児童の自主性、社会性及び創造性を高め、もつて地域における健全育成活動の助長を図るようこれを行うものとする。

（保護者との連絡）

**第40条**　児童厚生施設の長は、必要に応じ児童の健康及び行動につき、その保護者に連絡しなければならない。

# 児 童 憲 章

（昭和26年5月5日児童憲章制定会議決定）

われらは、日本国憲法の精神にしたがい、児童に対する正しい観念を確立し、すべての児童の幸福をはかるために、この憲章を定める。

**児童は、人として尊ばれる。**

**児童は、社会の一員として重んぜられる。**

**児童は、よい環境の中で育てられる。**

一　すべての児童は、心身ともに健やかにうまれ、育てられ、その生活を保障される。

二　すべての児童は、家庭で、正しい愛情と知識と技術をもつて育てられ、家庭に恵まれない児童には、これにかわる環境が与えられる。

三　すべての児童は、適当な栄養と住居と被服が与えられ、また、疾病と災害からまもられる。

四　すべての児童は、個性と能力に応じて教育され、社会の一員としての責任を自主的に果たすように、みちびかれる。

五　すべての児童は、自然を愛し、科学と芸術を尊ぶように、みちびかれ、また、道徳的心情がつちかわれる。

六　すべての児童は、就学のみちを確保され、また、十分に整つた教育の施設を用意される。

七　すべての児童は、職業指導を受ける機会が与えられる。

八　すべての児童は、その労働において、心身の発育が阻害されず、教育を受ける機会が失われず、また、児童としての生活がさまたげられないように、十分に保護される。

九　すべての児童は、よい遊び場と文化財を用意され、悪い環境からまもられる。

十　すべての児童は、虐待・酷使・放任その他不当な取扱からまもられる。あやまちをおかした児童は、適切に保護指導される。

十一　すべての児童は、身体が不自由な場合、または精神の機能が不充分な場合に、適切な治療と教育と保護が与えられる。

十二　すべての児童は、愛とまことによつて結ばれ、よい国民として人類の平和と文化に貢献するように、みちびかれる。

# 児童館の設置運営について
## （次官通知・児童館の設置運営要綱）

（平成2年8月7日厚生省発児第123号厚生事務次官通知）
最終改正：第9次改正（平成24年5月15日厚生労働省発雇児0515第5号）

　近年、都市化、核家族化の進展、女性の就労の増加等により、児童を取り巻く環境が大きく変化し、さらに出生率の低下、遊び場の不足、交通事故の増加等家庭や地域における児童健全育成上憂慮すべき事態が進行しており、次代を担う児童が健やかに生まれ育つための環境づくりが、児童福祉の立場から緊急の課題となっている。

　これらに対処するため、従来から、地域の健全育成の拠点としての児童館の計画的な整備を図ってきたところである。

　このたび、豊かな自然の中で、児童が宿泊し、野外活動を行う新しい児童館の整備を図るとともに、児童館体系の見直しを図ることとし、別紙のとおり「児童館の設置運営要綱」を定めたので、その適切な実施を図られたく通知する。

　なお、本通知の施行に伴い、昭和63年1月28日付け厚生省発児第8号本職通知「児童館の設置運営について」は廃止する。


（別紙）


児童館の設置運営要綱

## 第1　総　則
　1　目　的
　　　児童館は、児童福祉法（昭和22年法律第164号）に基づく児童厚生施設であって、児童に健全な遊びを与えて、その健康を増進し、情操を豊かにすることを目的とするものであること。
　2　種　別
　　　児童館の種別は次のとおりとする。
　（1）　小型児童館
　　　　小地域の児童を対象とし、一定の要件を具備した児童館。
　（2）　児童センター

（1）の小型児童館の機能に加えて、児童の体力増進に関する指導機能を併せ持つ児童館。

（特に、上記機能に加えて、中学生、高校生等の年長児童（以下「年長児童」という。）の情操を豊かにし、健康を増進するための育成機能を有する児童センターを「大型児童センター」という。）

（3）　大型児童館

原則として、都道府県内又は広域の児童を対象とし、一定の要件を具備した児童館をいい、次のとおり区分する。

ア　A型児童館

イ　B型児童館

ウ　C型児童館

（4）　その他の児童館

（1）、（2）及び（3）以外の児童館。

3　設備及び運営

児童館の設備及び運営については、児童福祉施設の設備及び運営に関する基準（昭和23年厚生省令第63号。以下「設備運営基準」という。）に定めるところによるものであること。

なお、小型児童館、児童センター及び大型児童館については設備運営基準によるほか、次の第2から第4までに定めるところによること。


## 第2　小型児童館

1　機　能

小地域を対象として、児童に健全な遊びを与え、その健康を増進し、情操を豊かにするとともに、母親クラブ、子ども会等の地域組織活動の育成助長を図る等児童の健全育成に関する総合的な機能を有するものであること。

2　設置及び運営の主体

設置及び運営の主体は、次のとおりとすること。

（1）　市町村（特別区を含む。以下同じ。）

（2）　公益社団法人、公益財団法人、特例社団法人、特例財団法人（以下「社団・財団法人」という。）

（3）　社会福祉法人

（4）　次の要件を満たす上記（1）から（3）以外の者（以下「その他の者」という。）

ア　児童館を設置及び運営するために必要な経済的基礎があること。

イ　社会的信望を有すること。

ウ　実務を担当する幹部職員に、児童福祉及び社会福祉事業についての知識経験を有する者を含むこと。

エ　児童館の運営事業の経理区分が明確にできる等、財務内容が適正である

こと。

3　設備及び運営

（1）　設備

　　ア　建物には、集会室、遊戯室、図書室及び事務執行に必要な設備のほか、必要に応じ、相談室、創作活動室、静養室及び児童クラブ室等を設けること。

　　　　ただし、他の社会福祉施設等を併設する場合で、施設の効率的な運営を期待することができ、かつ、利用する児童の処遇に支障がない場合には、原則として、遊戯室、図書室及び児童クラブ室以外の設備について、他の社会福祉施設等の設備と共用することができる。

　　イ　建物の広さは、原則として、217.6平方メートル以上（都市部で児童館用地の取得が困難と認められる場合等（以下「都市部特例」という。）においては、163.2平方メートル以上）とし、適当な広場を有すること。

　　　　ただし、相談室、創作活動室等を設けない場合には、185.12平方メートル以上（都市部特例においては、138.84平方メートル以上）として差し支えないこと。

（2）　職員

　　　2人以上の設備運営基準第38条に規定する児童の遊びを指導する者（以下「児童厚生員」という。）を置くほか、必要に応じ、その他の職員を置くこと。

（3）　運営

　　ア　開館時間、開館日数等については、設置された地域の実情を勘案して設定すること。

　　イ　運営管理の責任者を定めるとともに、指導する児童の把握、保護者との連絡、事故防止等に関する事項を規定する運営管理規定を定めること。

　　ウ　運営委員会を設置し、その運営管理について意見を徴すること。

（4）　その他

　　　小型児童館が、児童福祉法第24条第1項ただし書に基づいて使用される場合には、設備運営基準の保育所に関する規定の趣旨を尊重すること。

4　国の助成

　　　国は、予算の範囲内において、市町村、社団・財団法人及び社会福祉法人の設置する小型児童館の整備に要する費用を別に定めるところにより補助するものとする。


**第3　児童センター**

1　機　能

　　　第2の1に掲げる機能に加えて、遊び（運動を主とする。）を通して体力増進を図ることを目的とした指導機能を有し、必要に応じて年長児童に対する育成機能を有するものであること。

2　設置及び運営の主体

　設置及び運営の主体は、第2の2に掲げるものとすること。

3　設備及び運営

（1）　設備

　　第2の3の（1）に掲げる設備（建物の広さに係る部分を除く。）に加えて、次によるものであること。

　　ア　建物の広さは、原則として、336.6平方メートル以上、大型児童センターにあっては、500平方メートル以上とし、野外における体力増進指導を実施するために要する適当な広場を有すること。

　　　　ただし、相談室、創作活動室等を設けない場合には、297平方メートル以上として差し支えないこと。

　　イ　遊戯室には、屋内における体力増進指導を実施するために必要な広さを有すること。

　　　　また、大型児童センターにあっては、年長児童の文化活動、芸術活動等に必要な広さを有すること。

　　ウ　器材等については、児童の体力増進に資するために必要な運動遊び用の器材、体力等の測定器材等を整備すること。

　　　　また、年長児童の諸活動に資するために必要な備品等を整備すること。

　　エ　大型児童センターにあっては、必要に応じてスタジオ、アトリエ、トレーニング室、小ホール、映画等ライブラリー、喫茶室等年長児童を育成するための設備及び社会参加活動の拠点として活用するための設備等を設けること。

（2）　職員

　　第2の3の（2）に掲げるところによるものとすること。また、必要に応じ、その他の職員を置く場合にあっては、体力増進指導に関し知識技能を有する者、年長児童指導に関し専門的知識を有する者等を置くことが望ましいこと。

（3）　運営

　　第2の3の（3）に掲げるところによるほか、次によるものであること。

　　ア　体力増進指導の内容及び方法

　　（ア）　指導の内容

　　　　　　運動や遊具による遊び等、特に体力増進にとって効果的な遊びを指導内容の中心として設定するほか、必要に応じて日常生活、栄養等に関する指導を行うこと。

　　　　　　また、遊びによる体力増進の効果を把握するために、器材等による測定調査を併せて行う必要があること。

　　　　　　なお、児童の安全管理に十分留意する必要があること。

　　（イ）　指導の方法

体力増進指導に関し知識技能を有する者がこれを担当するものとし、児童厚生員又は有志指導者（ボランティア）の積極的な協力を得て行うものとすること。

イ　年長児童指導の内容及び方法

（ア）　指導の内容

指導にあたっては、特に年長児童に適した文化活動、芸術活動、スポーツ及び社会参加活動等に配慮すること。

また、児童の安全管理に十分留意する必要があること。

（イ）　指導の方法

年長児童指導に関し専門的知識を有する者がこれを担当するものとし、有志指導者（ボランティア）の積極的な協力を得て行うものとすること。

ウ　その他

体力増進指導及び年長児童指導が効果的に実施されるように、その実施計画について運営委員会の意見を徴するとともに、運営管理規定においてもその指導に関して定めること。

また、大型児童センターにあっては、年長児童が十分活動できるように開館時間等について特に配慮すること。

4　国の助成

国は、予算の範囲内において、市町村、社団・財団法人及び社会福祉法人の設置する児童センターの整備に要する費用を別に定めるところにより補助するものとする。


## 第4　大型児童館

1　A型児童館

（1）　機能

第3の1に掲げる機能に加えて、都道府県内の小型児童館、児童センター及びその他の児童館（以下「県内児童館」という。）の指導及び連絡調整等の役割を果たす中枢的機能を有するものとすること。

（2）　設置及び運営の主体

設置及び運営の主体は、都道府県とする。

ただし、運営については社団・財団法人、社会福祉法人及びその他の者に委託することができるものであること。

（3）　設備及び運営

ア　設備

第3の3の（1）に掲げる設備（建物の広さに係る部分を除く。）に加えて、次によるものであること。

　　　（ア）　建物の広さは、原則として、2,000 平方メートル以上とし、適当な
　　　　　　広場を有すること。
　　　（イ）　必要に応じて研修室、展示室、多目的ホール、ギャラリー等を設け
　　　　　　るほか、移動型児童館用車両を備えること。
　　イ　職員
　　　　第3の3の（2）に掲げるところによるものとし、必要に応じ、その他
　　の職員を置くこと。
　　ウ　運営
　　　　第3の3の（3）に掲げるところによるほか、次によるものであること。
　　　（ア）　県内児童館相互の連絡、連携を密にし、児童館活動の充実を図ること。
　　　　　　なお、県内児童館の連絡協議会等の事務局を設けること。
　　　（イ）　県内児童館の児童厚生員等職員の研修を行うこと。
　　　（ウ）　広報誌の発行等を行うことにより、児童館活動の啓発に努めること。
　　　（エ）　県内児童館を拠点とする母親クラブ等の地域組織活動の連絡調整を
　　　　　　図ること。
２　Ｂ型児童館
（1）　機能
　　　Ｂ型児童館は、豊かな自然環境に恵まれた一定の地域（以下「こども自然
　　王国」という。）内に設置するものとし、児童が宿泊をしながら、自然をいか
　　した遊びを通して協調性、創造性、忍耐力等を高めることを目的とした児童
　　館であり、第2の1に掲げる機能に加えて、自然の中で児童を宿泊させ、野
　　外活動が行える機能を有するものであること。
（2）　設置及び運営の主体
　　　設置及び運営の主体は、都道府県、市町村、社団・財団法人、社会福祉法
　　人及びその他の者とすること。
（3）　設備及び運営
　　ア　設備
　　　　第2の3の（1）に掲げる設備（建物の広さに係る部分を除く。）に加え
　　て、次によるものであること。
　　　　また、Ａ型児童館に併設（こども自然王国内に独立して設置する場合を
　　含む。以下同じ。）する場合には、第2の3の（1）に掲げる設備を設置し
　　ないことができる。
　　　（ア）　定員 100 人以上の宿泊設備を有し、建物の広さは、原則として 1,500
　　　　　　平方メートル以上の広さ（Ａ型児童館に併設する場合は厚生労働大臣
　　　　　　が必要と認める広さ）を有すること。
　　　　　　なお、障害のある児童の利用にも資する設備を備えること。
　　　（イ）　宿泊室、食堂・厨房、脱衣・浴室等を設けること。

（ウ）　キャンプ等の野外活動ができる設備を設けること。
　　（エ）　必要に応じて、移動型児童館用車両を備えること。
　イ　職員
　　　第2の3の（2）に掲げるところによるものとすること。
　ウ　運営
　　　第2の3の（3）に掲げるところによるほか、次によるものであること。
　　（ア）　児童厚生施設等との連携、連絡を密にし、児童館活動の充実を図ること。
　　（イ）　母親クラブ、老人クラブ等の地域組織や住民の協力の下に運営活動を行うこと。
　　（ウ）　利用児童の野外活動に伴う事故防止等の安全管理に十分に留意すること。
3　C型児童館
　　C型児童館は、広域を対象として児童に健全な遊びを与え、児童の健康を増進し、又は情操を豊かにする等の機能に加えて芸術、体育、科学等の総合的な活動ができるように、劇場、ギャラリー、屋内プール、コンピュータプレイルーム、歴史・科学資料展示室、宿泊研修室、児童遊園等が適宜附設され、多様な児童のニーズに総合的に対応できる体制にある児童館である。
　　なお、職員については、児童厚生員を置くほか、各種の設備、機能が十分活用されるよう必要な職員の配置を行うこと。
4　国の助成
　　国は、予算の範囲内において、都道府県が設置するA型児童館並びに都道府県、市町村、社団・財団法人及び社会福祉法人の設置するB型児童館の整備に要する費用を、別に定めるところにより補助する。


第5　その他の児童館
　その他の児童館は、公共性及び永続性を有するものであって、設備及び運営については、第2の3に準ずることとし、それぞれ対象地域の範囲、特性及び対象児童の実態等に相応したものであること。

# 児童館の設置運営について
## (局長通知)

（平成２年８月７日児発第967号厚生省児童家庭局長通知）
最終改正：第５次改正（平成16年３月26日雇児発第0326016号）

1　小型児童館
（1）　機能
　　　小型児童館は、次の機能を有するものであること。
　　ア　健全な遊びを通して、児童の集団及び個別指導の実施並びに中学生、高
　　　校生等の年長児童（以下「年長児童」という。）の自主的な活動に対する支
　　　援を行うこと。
　　イ　母親クラブ、子ども会等の地域組織活動の育成助長及びその指導者の養
　　　成を図ること。
　　ウ　子育てに対して不安や悩みを抱える母親からの相談に応じるなど、子育
　　　て家庭の支援を行うこと。
　　エ　その他、地域の児童の健全育成に必要な活動を行うこと。
（2）　対象児童
　　　対象となる児童は、すべての児童とする。
　　　ただし、主に指導の対象となる児童は、概ね３歳以上の幼児（以下「幼児」
　　という。）、小学校１年～３年の少年（以下「学童」という。）及び昼間保護者
　　のいない家庭等で児童健全育成上指導を必要とする学童とすること。
（3）　運営
　　ア　運営委員会の設置
　　　　児童館の適正な運営を図るため、児童福祉関係行政機関、児童委員、社
　　　会福祉協議会、母親クラブ等地域組織の代表者、学識経験者等を委員とす
　　　る運営委員会を設置し、その意見を聴くこと。
　　イ　利用児童の把握
　　　　児童館を利用する児童については、その児童の住所、氏名、年齢、緊急
　　　時の連絡先等を必要に応じて登録すること等により把握しておくこと。
　　ウ　遊びの指導
　　　　小型児童館における遊びは、児童福祉施設最低基準（昭和23年厚生省

|111|

令第63号。以下「最低基準」という。）第39条によるほか、次によるものであること。

(ア)　児童の発達段階や運動能力、興味、関心に配慮すること。

(イ)　児童の体力、活動力を涵養するための運動遊びや情操を高めるための劇遊び等を行うよう配慮すること。

(ウ)　遊びを通して、安全に関する注意力、危険回避能力の養成等、事故防止のための指導を行うよう配慮すること。

(エ)　幼児及び学童の集団指導は、その指導の担当者を定め、組織的、継続的に行うよう配慮すること。

エ　利用時間

　小型児童館の利用時間は、地域の実情に応じて定めることとし、次によるものであること。

(ア)　一般児童の利用と集団指導の利用が交互に支障を及ぼさないよう配慮すること。

(イ)　母親クラブ等地域組織や年長児童等の夜間利用についても配慮すること。

(ウ)　日曜・祝祭日の利用は、適宜定めるものとすること。

オ　地域社会及び関係機関等との連携

(ア)　保育所、幼稚園、小学校等関係施設と連携を密にし、広報、普及に努めるとともに、児童相談所、福祉事務所、保健所等の協力を得ること。

(イ)　遊び等の指導について、地域の特別な技能を有する有志指導者（ボランティア）に協力を求めるとともに、その養成に努めること。

2　児童センター

（1）　機能

　1の（1）に掲げる機能に加えて、次によるものであること。

ア　運動に親しむ習慣を形成すること。

イ　体力増進指導を通して社会性を伸ばし、心と身体の健康づくりを図ること。

ウ　大型児童センターにあっては、音楽、映像、造形表現、スポーツ等の多様な活動を通し、年長児童の社会性を伸ばし、心と身体の健康づくりを図ること。

　また、児童の社会参加活動や国際交流活動等を進めること。

（2）　対象児童

　1の（2）に掲げる児童であり、特に運動不足、運動嫌い等により体力が立ち遅れている幼児、学童を優先すること。

　また、大型児童センターにあっては、特に年長児童を優先すること。

（3）　運営
　　　1の（3）に掲げるところによるほか、次によるものであること。
　ア　器材等
　　（ア）　運動遊び用の器材は、効果的な体力増進を図るために必要な遊具、用具等であって屋内・屋外において使用する固定又は移動式のものとし、児童の発達段階に応じた適当な遊びの種類に見合う器材を整備すること。
　　　　また、大型児童センターにあっては、文化、芸術、スポーツ及び社会参加活動等の諸活動に必要な備品等を整備すること。
　　　　なお、器材の整備に当たっては、体力増進指導に関する専門家の意見を徴する必要があること。
　　（イ）　運動技能等を把握するための調査票等の整備を行うこと。
　イ　体力増進指導
　　（ア）　児童の発達段階や運動能力、興味、関心に配慮すること。
　　　　なお、幼児の集団指導においては、母親の参加も得ることが望ましいこと。
　　（イ）　季節及び地域の実情に応じた指導計画を策定して行うものとし、継続的に実施すること。
　　（ウ）　身体の虚弱な児童等を対象とする場合には、特に、医師の意見を徴する必要があること。
　ウ　年長児童指導
　　（ア）　児童の意見を聞き、児童自身の自主的な運営に配慮すること。
　　（イ）　地域の諸団体、福祉施設、学校、企業等との連携を深め、児童の社会参加活動への理解、協力等の支援を得ること。
　　（ウ）　年長児童と幼児・小学生等の利用が、円滑に行われるよう配慮すること。
　エ　留意事項
　　　実情に応じ、他の適当な施設・設備を利用して差し支えないこと。

3　大型児童館
（1）　A型児童館
　ア　機能
　　　2の（1）に掲げる機能に加えて、次によるものであること。
　　（ア）　都道府県内の小型児童館、児童センター及びその他の児童館（以下「県内児童館」という。）の情報を把握し、相互に利用できること。
　　（イ）　県内児童館の運営等を指導するとともに、最低基準第38条に規定する児童の遊びを指導する者（以下「児童厚生員」という。）及びボラ

ンティアを育成すること。

　（ウ）　県内児童館で活用できる各種遊びの内容や、指導技術を開発し、普
　　　及させること。
　（エ）　歴史、産業、文化等地域の特色を生かした資料、模型の展示等を行
　　　うとともに、一般にも公開すること。
　（オ）　県内児童館に貸し出すための優良な映画フィルム、ビデオソフト、
　　　紙芝居等を保有し、計画的に活用すること。
　イ　対象児童
　　　対象となる児童は、すべての児童とする。
　ウ　運営
　　　2の（3）に掲げるところによるほか、次によるものであること。
　（ア）　児童の年齢及び利用目的が多岐にわたるので、適切な児童厚生員等
　　　職員を配置すること。
　（イ）　集団利用する場合は、その責任者の住所、氏名、年齢等を登録する
　　　こととし、その計画的、効率的な利用に配慮すること。
　（ウ）　日曜・祝祭日の開館及び夜間利用に配慮すること。
　（エ）　都道府県の母親クラブ連絡協議会等の事務局を設けるよう配慮する
　　　こと。
（2）　B型児童館
　ア　機能
　　　1の（1）に掲げる機能に加えて、次によるものであること。
　（ア）　川、池、草原、森等の立地条件を生かした各種の自然観察、自然探求、
　　　自然愛護、その他自然とふれあう野外活動が行えること。
　（イ）　キャンプ、登山、ハイキング、サイクリング、水泳等の野外活動か
　　　ら得られる各種遊びの内容や、指導技術を開発し、児童館等に普及さ
　　　せること。
　イ　設備
　（ア）　20人以上の児童がキャンプ等の野外活動を行える適当な広場や水飲
　　　み場、炊事場等を設けること。
　（イ）　100人以上の児童が宿泊できる設備を設けること。
　ウ　対象児童
　　　対象となる児童は、すべての児童とする。なお、引率者等の利用にも配
　慮すること。
　エ　運営
　　　1の（3）に掲げるところによるほか、次によるものであること。
　（ア）　原則として、集団利用であるため、その引率責任者及び児童の住所、
　　　氏名、電話番号、年齢等を登録すること。

（イ）　利用児童等に対する保健衛生には特に配慮すること。

（ウ）　野外活動を行うので、十分な事故防止、安全管理等の措置を講じること。

（エ）　児童の食事、貸与したシーツや枕カバーの洗濯代等は個人負担とすること。

（オ）　広く児童福祉施設等の関係者の理解と協力を得るように配慮すること。

4　設置及び運営の主体

平成2年8月7日発児第123号厚生事務次官通知の第2の2（4）の要件については、以下のとおりであること。

ア　アにおいて「経済的基礎がある」とは、児童館の設置を行うために直接必要な土地及び建物について所有権を有しているか、又は国若しくは地方公共団体から貸与若しくは使用許可を受けていること。

また、その際、安定的に賃借料を支払い得る財源が確保されており、賃借料及びその財源が収支予算書に適正に計上されていること。

イ　ウにおいて「知識経験を有する」とは、児童館等の児童福祉施設において、2年以上勤務した経験を有する者であるか、若しくはこれと同等の能力を有すると認められる者であること。

ウ　エにおいて「財務内容が適正である」とあるが、直近の会計年度において、児童館を運営する事業以外の事業を含む当該主体の財務内容について、3年以上連続して損失を計上している場合には、少なくとも、「財務内容が適正である」に当たらないこと。

# 児童の権利に関する条約（抄）

（1994年５月16日公布条約第２号）

**第２条**

1　締約国は、その管轄の下にある児童に対し、児童又はその父母若しくは法定保護者の人種、皮膚の色、性、言語、宗教、政治的意見その他の意見、国民的、種族的若しくは社会的出身、財産、心身障害、出生又は他の地位にかかわらず、いかなる差別もなしにこの条約に定める権利を尊重し、及び確保する。

2　締約国は、児童がその父母、法定保護者又は家族の構成員の地位、活動、表明した意見又は信念によるあらゆる形態の差別又は処罰から保護されることを確保するためのすべての適当な措置をとる。

**第３条**

1　児童に関するすべての措置をとるに当たっては、公的若しくは私的な社会福祉施設、裁判所、行政当局又は立法機関のいずれによって行われるものであっても、児童の最善の利益が主として考慮されるものとする。

2　締約国は、児童の父母、法定保護者又は児童について法的に責任を有する他の者の権利及び義務を考慮に入れて、児童の福祉に必要な保護及び養護を確保することを約束し、このため、すべての適当な立法上及び行政上の措置をとる。

3　締約国は、児童の養護又は保護のための施設、役務の提供及び設備が、特に安全及び健康の分野に関し並びにこれらの職員の数及び適格性並びに適正な監督に関し権限のある当局の設定した基準に適合することを確保する。

**第４条**　締約国は、この条約において認められる権利の実現のため、すべての適当な立法措置、行政措置その他の措置を講ずる。締約国は、経済的、社会的及び文化的権利に関しては、自国における利用可能な手段の最大限の範囲内で、また、必要な場合には国際協力の枠内で、これらの措置を講ずる。

**第５条**　締約国は、児童がこの条約において認められる権利を行使するに当たり、父母若しくは場合により地方の慣習により定められている大家族若しくは共同体の構成員、法定保護者又は児童について法的に責任を有する他の者

がその児童の発達しつつある能力に適合する方法で適当な指示及び指導を
与える責任、権利及び義務を尊重する。

**第6条**

1 締約国は、すべての児童が生命に対する固有の権利を有することを認める。

2 締約国は、児童の生存及び発達を可能な最大限の範囲において確保する。

**第12条**

1 締約国は、自己の意見を形成する能力のある児童がその児童に影響を及ぼ
すすべての事項について自由に自己の意見を表明する権利を確保する。この
場合において、児童の意見は、その児童の年齢及び成熟度に従って相応に考
慮されるものとする。

2 このため、児童は、特に、自己に影響を及ぼすあらゆる司法上及び行政上
の手続において、国内法の手続規則に合致する方法により直接に又は代理人
若しくは適当な団体を通じて聴取される機会を与えられる。

**第13条**

1 児童は、表現の自由についての権利を有する。この権利には、口頭、手書
き若しくは印刷、芸術の形態又は自ら選択する他の方法により、国境とのか
かわりなく、あらゆる種類の情報及び考えを求め、受け及び伝える自由を含
む。

2 1の権利の行使については、一定の制限を課することができる。ただし、
その制限は、法律によって定められ、かつ、次の目的のために必要とされる
ものに限る。

（a） 他の者の権利又は信用の尊重

（b） 国の安全、公の秩序又は公衆の健康若しくは道徳の保護

**第14条**

1 締約国は、思想、良心及び宗教の自由についての児童の権利を尊重する。

2 締約国は、児童が1の権利を行使するに当たり、父母及び場合により法定
保護者が児童に対しその発達しつつある能力に適合する方法で指示を与える
権利及び義務を尊重する。

3 宗教又は信念を表明する自由については、法律で定める制限であって公共
の安全、公の秩序、公衆の健康若しくは道徳又は他の者の基本的な権利及び
自由を保護するために必要なもののみを課することができる。

**第15条**

1 締約国は、結社の自由及び平和的な集会の自由についての児童の権利を認
める。

2 1の権利の行使については、法律で定める制限であって国の安全若しくは
公共の安全、公の秩序、公衆の健康若しくは道徳の保護又は他の者の権利及
び自由の保護のため民主的社会において必要なもの以外のいかなる制限も課

することができない。

**第 18 条**

1 締約国は、児童の養育及び発達について父母が共同の責任を有するという原則についての認識を確保するために最善の努力を払う。父母又は場合により法定保護者は、児童の養育及び発達についての第一義的な責任を有する。児童の最善の利益は、これらの者の基本的な関心事項となるものとする。

2 締約国は、この条約に定める権利を保障し及び促進するため、父母及び法定保護者が児童の養育についての責任を遂行するに当たりこれらの者に対して適当な援助を与えるものとし、また、児童の養護のための施設、設備及び役務の提供の発展を確保する。

3 締約国は、父母が働いている児童が利用する資格を有する児童の養護のための役務の提供及び設備からその児童が便益を受ける権利を有することを確保するためのすべての適当な措置をとる。

**第 19 条**

1 締約国は、児童が父母、法定保護者又は児童を監護する他の者による監護を受けている間において、あらゆる形態の身体的若しくは精神的な暴力、傷害若しくは虐待、放置若しくは怠慢な取扱い、不当な取扱い又は搾取（性的虐待を含む。）からその児童を保護するためすべての適当な立法上、行政上、社会上及び教育上の措置をとる。

2 1の保護措置には、適当な場合には、児童及び児童を監護する者のために必要な援助を与える社会的計画の作成その他の形態による防止のための効果的な手続並びに1に定める児童の不当な取扱いの事件の発見、報告、付託、調査、処置及び事後措置並びに適当な場合には司法の関与に関する効果的な手続を含むものとする。

**第 31 条**

1 締約国は、休息及び余暇についての児童の権利並びに児童がその年齢に適した遊び及びレクリエーションの活動を行い並びに文化的な生活及び芸術に自由に参加する権利を認める。

2 締約国は、児童が文化的及び芸術的な生活に十分に参加する権利を尊重しかつ促進するものとし、文化的及び芸術的な活動並びにレクリエーション及び余暇の活動のための適当かつ平等な機会の提供を奨励する。

# 児童館ガイドライン

（平成30年10月１日子発1001第１号厚生労働省子ども家庭局長通知）

## 第１章　総則

### 1　理念

　　児童館は、児童の権利に関する条約（平成６年条約第２号）に掲げられた精神及び児童福祉法（昭和22年法律第164号。以下「法」という。）の理念にのっとり、子どもの心身の健やかな成長、発達及びその自立が図られることを地域社会の中で具現化する児童福祉施設である。ゆえに児童館はその運営理念を踏まえて、国及び地方公共団体や保護者をはじめとする地域の人々とともに、年齢や発達の程度に応じて、子どもの意見を尊重し、その最善の利益が優先して考慮されるよう子どもの育成に努めなければならない。

### 2　目的

　　児童館は、18歳未満のすべての子どもを対象とし、地域における遊び及び生活の援助と子育て支援を行い、子どもの心身を育成し情操をゆたかにすることを目的とする施設である。

### 3　施設特性

（１）　施設の基本特性

　　　　児童館は、子どもが、その置かれている環境や状況に関わりなく、自由に来館して過ごすことができる児童福祉施設である。児童館がその役割を果たすためには、次のことを施設の基本特性として充実させることが求められる。

①　子どもが自らの意思でひとりでも利用することができる。

②　子どもが遊ぶことができる。

③　子どもが安心してくつろぐことができる。

④　子ども同士にとって出会いの場になることができる。

⑤　年齢等の異なる子どもが一緒に過ごし、活動を共にすることができる。

⑥　子どもが困ったときや悩んだときに、相談したり助けてもらえたりする職員がいる。
（2）　児童館における遊び
　　　子どもの日常生活には家庭・学校・地域という生活の場がある。子どもはそれぞれの場で人やものと関わりながら、遊びや学習、休息や団らん、文化的・社会的な体験活動などを行う。特に、遊びは、生活の中の大きな部分を占め、遊び自体の中に子どもの発達を増進する重要な要素が含まれている。
（3）　児童館の特性
　　　児童館における遊び及び生活を通じた健全育成には、子どもの心身の健康増進を図り、知的・社会的適応能力を高め、情操をゆたかにするという役割がある。このことを踏まえた児童館の特性は以下の3点である。
　　①　拠点性
　　　　児童館は、地域における子どものための拠点（館）である。
　　　　子どもが自らの意思で利用でき、自由に遊んだりくつろいだり、年齢の異なる子ども同士が一緒に過ごすことができる。そして、それを支える「児童の遊びを指導する者」（以下「児童厚生員」という。）がいることによって、子どもの居場所となり、地域の拠点となる。
　　②　多機能性
　　　　児童館は、子どもが自由に時間を過ごし遊ぶ中で、子どものあらゆる課題に直接関わることができる。これらのことについて子どもと一緒に考え、対応するとともに、必要に応じて関係機関に橋渡しすることができる。そして、子どもが直面している福祉的な課題に対応することができる。
　　③　地域性
　　　　児童館では、地域の人々に見守られた安心・安全な環境のもとで自ら成長していくことができ、館内のみならず子どもの発達に応じて地域全体へ活動を広げていくことができる。そして、児童館は、地域の住民と、子どもに関わる関係機関等と連携して、地域における子どもの健全育成の環境づくりを進めることができる。


**4　社会的責任**
（1）　児童館は、子どもの人権に十分に配慮し権利擁護に努めるとともに、子ども一人ひとりの人格を尊重し、子どもに影響のある事柄に関して、子どもが意見を述べ参加することを保障する必要がある。
（2）　児童館は、地域社会との交流や連携を図り、保護者や地域社会に児童館が行う活動内容を適切に説明するよう努めなければならない。
（3）　児童館は、子どもの利益に反しない限りにおいて、子どもや保護者のプライバシーの保護、業務上知り得た事柄の秘密保持に留意しなければならない。

（4）　児童館は、子どもや保護者の苦情等に対して迅速かつ適切に対応して、その解決を図るよう努めなければならない。

## 第2章　子ども理解

本章では、児童館の対象となる子どもの発達を理解するための基礎的視点を示している。児童館では、子どもの発達の特徴や発達過程を理解し、発達の個人差を踏まえて、一人ひとりの心身の状態を把握しながら子どもの育成に努めることが求められる。

### 1　乳幼児期

乳幼児は、大人によって生命を守られ、愛され、信頼されることにより、情緒が安定するとともに、人への信頼感が育つ。そして、身近な環境に興味や関心を持ち、自発的に働きかけるなど、次第に自我が芽生える。

乳幼児は、大人との信頼関係を基にして、子ども同士の関係を持つようになる。この相互の関わりを通じて、身体的な発達及び知的な発達とともに、情緒的、社会的及び道徳的な発達が促される。特に、乳幼児は遊びを通して仲間との関係性を育む。この時期に多様な経験により培われた豊かな感性、好奇心、探究心や思考力は、その後の生活や学びの基礎となる。

### 2　児童期

6歳から12歳は、子どもの発達の時期区分において幼児期と思春期との間にあり、児童期と呼ばれる。児童期の子どもは、知的能力や言語能力、規範意識等が発達し、身長や体重の増加に伴って体力が向上する。これに伴い、多様で創意工夫が加わった遊びを創造できるようになる。

おおむね6歳〜8歳には、読み・書き・計算の基本的技能の習得が始まり、成長を実感する一方で、幼児期の特徴を残している。大人に見守られる中で努力し、自信を深めていくことができる。

おおむね9歳〜10歳には、抽象的な言語を用いた思考が始まり、学習面でのつまずきもみられ始める。同年代の仲間や集団を好み、大人に頼らずに行動しようとする。

おおむね11歳〜12歳には、知識が広がり、計画性のある生活を営めるようになる。思春期・青年期の発達的特徴の芽生えが見られ、遊びの内容や仲間集団の構成が変化し始める。自立に向けて少人数の仲間ができ、個人的な関係を大切にし始める。

### 3 思春期

13 歳から 18 歳は、発達の時期区分では思春期であり、自立へ向かう時期である。この時期の大きな特徴は、自己と他者との違いを意識しながら、アイデンティティの確立に思い悩み、将来に対して大きな不安を感じることである。児童館は、中学生、高校生等の子ども（以下「中・高校生世代」という。）が集い、お互いの気持ちを表現し合うことにより、自分と仲間に対して信頼と安心を抱き、安定した生活の基盤を築くことができる。

文化的・芸術的活動、レクリエーション等に、自らの意思で挑戦することを通して、成長することができる。自己実現の場を提供し、その葛藤や成長に寄り添い、話を聴くことで、心配や不安を軽減し、喜びを共有するような役割が求められる。自己効力感や自己肯定感の醸成も自立に向かうこの時期には重要である。


## 第 3 章　児童館の機能・役割

本章では、児童館の理念と目的に基づく機能・役割を 5 項目に区分して示している。この章は、第 4 章の活動内容と合わせて理解することが求められる。


### 1 遊び及び生活を通した子どもの発達の増進

子どもは、遊びやくつろぎ、出会い、居場所、大人の助けなどを求めて児童館を利用する。その中で、子どもは遊びや友達、児童厚生員との関わりなどを通じて、自主性、社会性、創造性などを育んでいく。

児童厚生員は、子ども一人ひとりと関わり、子どもが自ら遊びたいことを見つけ、楽しく過ごせるように援助し、子どもの遊びや日常の生活を支援していく。

特に遊びの場面では、児童厚生員が子どもの感情・気分・雰囲気や技量の差などに心を配り、子ども同士が遊びを通じて成長し合えるように援助することが求められる。

そのため、児童厚生員は一人ひとりの子どもの発達特性を理解し、遊び及び生活の場での継続的な関わりを通して適切な支援をし、発達の増進に努めることが求められる。


### 2 子どもの安定した日常の生活の支援

児童館は、子どもの遊びの拠点と居場所となることを通して、その活動の様子から、必要に応じて家庭や地域の子育て環境の調整を図ることによって、子どもの安定した日常の生活を支援することが大切である。

児童館が子どもにとって日常の安定した生活の場になるためには、最初に児童館を訪れた子どもが「来てよかった」と思え、利用している子どもがそこに自分の求めている場や活動があって、必要な場合には援助があることを実感できるよ

うになっていることが必要となる。そのため、児童館では、訪れる子どもの心理と状況に気付き、子どもと信頼関係を築く必要がある。

**3　子どもと子育て家庭が抱える可能性のある課題の発生予防・早期発見と対応**

　子どもと子育て家庭が抱える可能性のある課題の発生を予防し、かつ早期発見に努め、専門機関と連携して適切に対応すること。その際、児童館を利用する子どもや保護者の様子を観察することや、子どもや保護者と一緒になって活動していく中で、普段と違ったところを感じ取ることが大切である。

**4　子育て家庭への支援**

　子育て家庭に対する相談・援助を行い、子育ての交流の場を提供し、地域における子育て家庭を支援すること。

　その際、地域や家庭の実態等を十分に考慮し、保護者の気持ちを理解し、その自己決定を尊重しつつ、相互の信頼関係を築くことが大切である。

　また、乳幼児を対象とした活動を実施し、参加者同士で交流できる場を設け、子育ての交流を促進する。

　さらに、地域における子育て家庭を支援するために、地域の子育て支援ニーズを把握するよう努める。

**5　子どもの育ちに関する組織や人とのネットワークの推進**

　地域組織活動の育成を支援し、子どもの育ちに関する組織や人とのネットワークの中心となり、地域の子どもを健全に育成する拠点としての役割を担うこと。

　その際、地域の子どもの健全育成に資するボランティア団体や活動と連携し、地域で子育てを支え合う環境づくりに協力することが求められる。

## 第4章　児童館の活動内容

　本章では、第3章の児童館の機能・役割を具体化する主な活動内容を8項目に分けて示している。実際の活動に当たっては、この章を参照しながら、子どもや地域の実情を具体的に把握し、創意工夫して取り組むことが望まれる。

**1　遊びによる子どもの育成**

（1）　子どもにとっては、遊びが生活の中の大きな部分を占め、遊び自体の中に子どもの発達を増進する重要な要素が含まれている。このことを踏まえ、子どもが遊びによって心身の健康を増進し、知的・社会的能力を高め、情緒をゆたかにするよう援助すること。

（2）　児童館は、子どもが自ら選択できる自由な遊びを保障する場である。それを踏まえ、子どもが自ら遊びを作り出したり遊びを選択したりすることを大

切にすること。

（3）　子ども同士が同年齢や異年齢の集団を形成して、様々な活動に自発的に取り組めるように援助すること。

## 2　子どもの居場所の提供

（1）　児童館は、子どもが安全に安心して過ごせる居場所になることが求められる。そのため、自己効力感や自己肯定感が醸成できるような環境づくりに努めるとともに、子どもの自発的な活動を尊重し、必要に応じて援助を行うこと。

（2）　児童館は、中・高校生世代も利用できる施設である。受入れに際しては、実際に利用可能な環境づくりに努めること。また、中・高校生世代は、話し相手や仲間を求め、自分の居場所として児童館を利用するなどの思春期の発達特性をよく理解し、自主性を尊重し、社会性を育むように援助すること。

（3）　児童館を利用した経験のある若者を支援し、若者の居場所づくりに協力することにも配慮すること。

## 3　子どもが意見を述べる場の提供

（1）　児童館は、子どもの年齢及び発達の程度に応じて子どもの意見が尊重されるように努めること。

（2）　児童館の活動や地域の行事に子どもが参加して自由に意見を述べることができるようにすること。

（3）　子どもの話し合いの場を計画的に設け、中・高校生世代が中心となり子ども同士の役割分担を支援するなど、自分たちで活動を作り上げることができるように援助すること。

（4）　子どもの自発的活動を継続的に支援し、子どもの視点や意見が児童館の運営や地域の活動に生かせるように努めること。

## 4　配慮を必要とする子どもへの対応

（1）　障害のある子どもへの対応は、障害の有無にかかわらず子ども同士がお互いに協力できるよう活動内容や環境について配慮すること。

（2）　家庭や友人関係等に悩みや課題を抱える子どもへの対応は、家庭や学校等と連絡をとり、適切な支援をし、児童館が安心できる居場所となるように配慮すること。

（3）　子どもの間でいじめ等の関係が生じないように配慮するとともに、万一そのような問題が起きた時には早期対応に努め、児童厚生員等が協力して適切に対応すること。

（4）　子どもの状況や家庭の状況の把握により、保護者に不適切な養育等が疑われる場合には、市町村（特別区を含む。以下同じ。）や関係機関と連携し、要

保護児童対策地域協議会で協議するなど、適切に対応することが求められること。

（5）　児童虐待が疑われる場合には、市町村又は児童相談所に速やかに通告し、関係機関と連携して適切な対応を図ること。

（6）　子どもに福祉的な課題があると判断した場合には、地域のニーズを把握するための包括的な相談窓口としての機能を生かし、地域や学校その他相談機関等の必要な社会資源との連携により、適切な支援を行うこと。

（7）　障害のある子どもの利用に当たっては、障害を理由とする差別の解消の推進に関する法律（平成 25 年法律第 65 号）に基づき、合理的配慮に努めること。

## 5　子育て支援の実施

（1）　保護者の子育て支援

①　子どもとその保護者が、自由に交流できる場を提供し、交流を促進するように配慮すること。

②　子どもの発達上の課題について、気軽に相談できるような子育て支援活動を実施し、保護者が広く地域の人々との関わりをもてるように支援すること。

③　児童虐待の予防に心掛け、保護者の子育てへの不安や課題には関係機関と協力して継続的に支援するとともに、必要に応じ相談機関等につなぐ役割を果たすこと。

④　児童館を切れ目のない地域の子育て支援の拠点として捉え、妊産婦の利用など幅広い保護者の子育て支援に努めること。

（2）　乳幼児支援

①　乳幼児は保護者とともに利用する。児童館は、保護者と協力して乳幼児を対象とした活動を実施し、参加者同士で交流できる場を設け、子育ての交流を促進すること。

②　子育て支援活動の実施に当たっては、子どもの発達課題や年齢等を十分に考慮して行うこと。また、計画的・定期的に実施することにより、子どもと保護者との関わりを促すこと。さらに、参加者が役割分担をするなどしながら主体的に運営できるように支援すること。

（3）　乳幼児と中・高校生世代等との触れ合い体験の取組

①　子育てにおける乳幼児と保護者の体験を広げ、子どもへの愛情を再認識する機会になるとともに、中・高校生世代等の子どもを乳幼児の成長した姿と重ね合わせる機会となるよう取り組むこと。

②　中・高校生世代をはじめ、小学生も成長段階に応じて子どもを生み育てることの意義を理解し、子どもや家庭の大切さを理解することが期待できるため、乳幼児と触れ合う機会を広げるための取組を推進すること。

③　実施に当たっては、乳幼児の権利と保護者の意向を尊重し、学校・家庭や母親クラブ等との連携を図りつつ行うこと。

（4）　地域の子育て支援

①　地域の子育て支援ニーズを把握し、包括的な相談窓口としての役割を果たすように努めること。

②　子育て支援ニーズの把握や相談対応に当たっては、保育所、学校等と連携を密にしながら行うこと。

③　地域住民やＮＰＯ、関係機関と連携を図り、協力して活動するなど子育てに関するネットワークを築き、子育てしやすい環境づくりに努めること。

## 6　地域の健全育成の環境づくり

（1）　児童館の活動内容等を広報するとともに、地域の様々な子どもの育成活動に協力するなど、児童館活動に関する理解や協力が得られるように努めること。

（2）　児童館を利用する子どもが地域住民と直接交流できる機会を設けるなど、地域全体で健全育成を進める環境づくりに努めること。

（3）　子どもの健全育成を推進する地域の児童福祉施設として、地域組織活動等の協力を得ながら、その機能を発揮するように努めること。

（4）　地域の児童遊園や公園、子どもが利用できる施設等を活用したり、児童館がない地域に出向いたりして、遊びや児童館で行う文化的活動等の体験の機会を提供するように努めること。

## 7　ボランティア等の育成と活動支援

（1）　児童館を利用する子どもが、ボランティアリーダーとして仲間と積極的に関わる中で組織的に活動し、児童館や地域社会で自発的に活動できるように支援すること。

（2）　児童館を利用する子どもが、ボランティアとして適宜、活動できるように育成・援助し、成人になっても児童館とのつながりが継続できるようにすること。

（3）　地域住民が、ボランティア等として児童館の活動に参加できる機会を提供し、地域社会でも自発的に活動ができるように支援すること。

（4）　中・高校生世代、大学生等を対象としたボランティアの育成や職場体験、施設実習の受入れなどに努めること。

## 8　放課後児童クラブの実施と連携

（1）　児童館で放課後児童クラブを実施する場合には、放課後児童健全育成事業の設備及び運営に関する基準（平成 26 年厚生労働省令第 63 号）及び放課後

児童クラブ運営指針（平成 27 年雇児発 0331 第 34 号厚生労働省雇用均等・児童家庭局長通知）に基づいて行うよう努め、児童館の持つ機能を生かし、次のことに留意すること。

① 児童館に来館する子どもと放課後児童クラブに在籍する子どもが交流できるよう遊びや活動に配慮すること。

② 多数の子どもが同一の場所で活動することが想定されるため、児童館及び放課後児童クラブのそれぞれの活動が充実するよう、遊びの内容や活動場所等について配慮すること。

③ 放課後児童クラブの活動は、児童館内に限定することなく近隣の環境を活用すること。

（2） 児童館での活動に、近隣の放課後児童クラブの子どもが参加できるように配慮するとともに、協力して行事を行うなどの工夫をすること。

# 第 5 章　児童館の職員

　本章では、すべての児童館職員に関わる児童館活動及び運営に関する主な業務と館長、児童厚生員のそれぞれの職務について示すとともに、児童館の社会的責任に基づく職場倫理のあり方と運営内容向上のための研修等について記述している。児童館職員は、児童福祉施設としての特性を理解して、職務に取り組むことが求められる。

## 1　児童館活動及び運営に関する業務

（1） 児童館の目標や事業計画、活動計画を作成する。

（2） 遊びの環境と施設の安全点検、衛生管理、清掃や整理整頓を行う。

（3） 活動や事業の結果を職員間で共有し振り返り、充実・改善に役立てる。

（4） 運営に関する申合せや引継ぎ等のための会議や打合せを行う。

（5） 日常の利用状況や活動の内容等について記録する。

（6） 業務の実施状況や施設の管理状況等について記録する。

（7） 広報活動を通じて、児童館の内容を地域に発信する。

## 2　館長の職務

　児童館には館長を置き、主な職務は以下のとおりとする。

（1） 児童館の利用者の状況を把握し、運営を統括する。

（2） 児童厚生員が業務を円滑に遂行できるようにする。

（3） 子育てを支援する人材や組織、地域の社会資源等との連携を図り、子育て環境の充実に努める。

（4） 利用者からの苦情や要望への対応を職員と協力して行い、運営や活動内容

の充実と職員の資質の向上を図る。

（5） 子育てに関する相談に応じ、必要な場合は関係機関と連携して解決に努める。

（6） 必要に応じ子どもの健康及び行動につき、その保護者に連絡しなければならない。

## 3 児童厚生員の職務

児童館には児童厚生員を置き、主な職務は以下のとおりとする。なお、子どもや保護者と関わる際には、利用者の気持ちに寄り添った支援が求められる。

（1） 子どもの育ちと子育てに関する地域の実態を把握する。

（2） 子どもの遊びを援助するとともに、遊びや生活に密着した活動を通じて子ども一人ひとりと子ども集団の主体的な成長を支援する。

（3） 発達や家庭環境などの面で特に援助が必要な子どもへの支援を行う。

（4） 地域の子どもの活動や、子育て支援の取組を行っている団体等と協力して、子どもの遊びや生活の環境を整備する。

（5） 児童虐待を防止する観点から保護者等利用者への情報提供などを行うとともに、早期発見に努め、対応・支援については市町村や児童相談所と協力する。

（6） 子どもの活動の様子から配慮が必要とされる子どもについては、個別の記録をとり継続的な援助ができるようにする。

（7） 子育てに関する相談に応じ、必要な場合は関係機関と連携して解決に努める。

## 4 児童館の職場倫理

（1） 職員は倫理規範を尊重し、常に意識し、遵守することが求められる。また活動や指導内容の向上に努めなければならない。これは、児童館で活動するボランティアにも求められることである。

（2） 職員に求められる倫理として、次のようなことが考えられる。

① 子どもの人権尊重と権利擁護、子どもの性差・個人差への配慮に関すること。

② 国籍、信条又は社会的な身分による差別的な取扱の禁止に関すること。

③ 子どもに身体的・精神的苦痛を与える行為の禁止に関すること。

④ 個人情報の取扱とプライバシーの保護に関すること。

⑤ 保護者、地域住民への誠意ある対応と信頼関係の構築に関すること。

（3） 子どもに直接関わる大人として身だしなみに留意すること。

（4） 明文化された児童館職員の倫理規範を持つこと。

## 5 児童館職員の研修

（1） 児童館の職員は、積極的に資質の向上に努めることが必要である。

（2） 児童館の運営主体は、様々な機会を活用して研修を実施し、職員の資質向上に努めなければならない。

（3）　市町村及び都道府県は、児童館の適切な運営を支えるよう研修等の機会を設け、館長、児童厚生員等の経験に応じた研修内容にも配慮すること。

（4）　研修が日常活動に生かされるように、職員全員が子どもの理解と課題を共有し対応を協議する機会を設けること。

## 第6章　児童館の運営

　本章では、「児童館の設置運営について」（平成2年8月7日厚生省発児第123号厚生事務次官通知。以下、「設置運営要綱」という。）等に基づいて、児童館の設備と運営主体・運営管理のあり方について記述している。児童館の運営主体は、本ガイドラインの全体を理解して、適正な運営に努めることが求められる。

### 1　設備

　児童館活動を実施するために、以下の設備・備品を備えること。

（1）　集会室、遊戯室、図書室、相談室、創作活動室、便所、事務執行に必要な設備のほか、必要に応じて、以下の設備・備品を備えること。

　　①　静養室及び放課後児童クラブ室等

　　②　中・高校生世代の文化活動、芸術活動等に必要なスペースと備品等

　　③　子どもの年齢や発達段階に応じた活動に必要な遊具や備品等

（2）　乳幼児や障害のある子どもの利用に当たって、安全を確保するとともに利用しやすい環境に十分配慮し、必要に応じ施設の改善や必要な備品等を整備すること。

### 2　運営主体

（1）　児童館の運営については、子どもの福祉や地域の実情を十分に理解し、安定した財政基盤と運営体制を有し、継続的・安定的に運営できるよう努めること。

（2）　運営内容について、自己評価を行い、その結果を公表するよう努め、評価を行う際には、利用者や地域住民等の意見を取り入れるよう努めること。また、可能な限り第三者評価を受けることが望ましい。

（3）　市町村が他の者に運営委託等を行う場合には、その運営状況等について継続的に確認・評価し、十分に注意を払うこと。

### 3　運営管理

（1）　開館時間

　　①　開館日・開館時間は、対象となる子どもの年齢、保護者の利用の利便性など、地域の実情に合わせて設定すること。

　　②　学校の状況や地域のニーズに合わせて柔軟に運営し、不規則な休館日や

開館時間を設定しないようにすること。
（2）　利用する子どもの把握・保護者との連絡
　　①　児童館を利用する子どもについて、住所、氏名、年齢、緊急時の連絡先等を、必要に応じて登録するなどして把握に努めること。
　　②　児童館でのケガや体調不良等については、速やかに保護者へ連絡すること。
（3）　運営協議会等の設置
　　①　児童館活動の充実を図るため、児童委員、社会福祉協議会、母親クラブ等の地域組織の代表者の他、学識経験者、学校教職員、子ども、保護者等を構成員とする運営協議会等を設置し、その意見を聴くこと。
　　②　子どもを運営協議会等の構成員にする場合には、会議時間の設定や意見発表の機会等があることを事前に知らせるなどに配慮し、子どもが参加しやすく発言しやすい環境づくりに努めること。
　　③　運営協議会等は、年間を通して定期的に開催する他、臨時的に対応すべき事項が生じた場合は、適宜開催すること。
（4）　運営管理規程と法令遵守
　　①　事業の目的及び運営の方針、利用する子どもの把握、保護者との連絡、事故防止、非常災害対策、子どもや保護者の人権への配慮、子どもの権利擁護、守秘義務、個人情報の管理等の重要事項に関する運営管理規程を定めること。
　　②　運営管理の責任者を定め、法令を遵守し職場倫理を自覚して職務に当たるよう、以下の項目について組織的に取り組むこと。
　　　ア　子どもや保護者の人権への配慮、一人ひとりの人格の尊重と子どもの権利擁護
　　　イ　虐待等の子どもの心身に有害な影響を与える行為の禁止
　　　ウ　国籍、信条又は社会的な身分による差別的取扱の禁止
　　　エ　業務上知り得た子どもや家族の秘密の守秘義務の遵守
　　　オ　関係法令に基づく個人情報の適切な取扱、プライバシーの保護
　　　カ　保護者への誠実な対応と信頼関係の構築
　　　キ　児童厚生員等の自主的かつ相互の協力、研鑽を積むことによる、事業内容の向上
　　　ク　事業の社会的責任や公共性の自覚
（5）　要望、苦情への対応
　　①　要望や苦情を受け付ける窓口を設け、子どもや保護者に周知し、要望や苦情の対応の手順や体制を整備して迅速な対応を図ること。
　　②　苦情対応については、苦情解決責任者、苦情受付担当者、第三者委員の設置や解決に向けた手順の整理等、迅速かつ適切に解決が図られる仕組み

を作ること。
（6） 職員体制と勤務環境の整備
 ① 児童館の職員には、児童福祉施設の設備及び運営に関する基準（昭和 23 年厚生省令第 63 号）第 38 条に規定する「児童の遊びを指導する者」（児童厚生員）の資格を有する者を 2 人以上置き、必要に応じその他の職員を置くこと。また、児童福祉事業全般との調整が求められるため、「社会福祉士」資格を有する者の配置も考慮すること。
 ② 児童館の運営責任者は、職員の勤務状況等を把握し、また、職員が健康・安全に勤務できるよう、健康診断の実施や労災保険、厚生保険や雇用保険に加入するなど、その勤務環境の整備に留意すること。また、安全かつ円滑な運営のため、常に児童厚生員相互の協力・連携がなされるよう配慮すること。

# 第 7 章　子どもの安全対策・衛生管理

 本章では、児童館における事故やケガの防止や対応、感染症や防災・防火・防犯等の安全対策について記述している。なお、安全対策には危機管理として危険の予測・防止の取組、発生した場合の適切な対応等に取り組むべきことが含まれている。

## 1　安全管理・ケガの予防
（1） 事故やケガの防止と対応
 子どもの事故やケガを防止するため、安全対策、安全学習、安全点検と補修、緊急時の対応等に留意し、その計画や実施方法等について整えておくこと。
（2） 施設・遊具の安全点検・安全管理
 ① 日常の点検は、安全点検簿やチェックリスト等を設け、施設の室内及び屋外・遊具等の点検を毎日実施すること。その安全点検の対象には、児童館としての屋外活動も含まれる。
 ② より詳細な点検を定期的に行うこと。定期的な点検に当たっては、記録をとり、改善すべき点があれば迅速に対応すること。
 ③ 子どもに施設・遊具の適切な利用方法を伝え、安全に遊べるようにすること。
（3） 事故やケガの緊急時対応
 ① 緊急時の連絡先（救急車他）や地域の医療機関等についてあらかじめ把握して、職員全員で共有する。緊急時には速やかに対応できるようマニュアルを作成し、それに沿った訓練を行うこと。
 ② 子どものケガや病気の応急処置の方法について、日頃から研修や訓練に参加し、AED（自動体外式除細動器）、「エピペン®」等の知識と技術の習得

に努めること。

　　また、緊急時の応急処置に必要な物品についても常備しておくことが重要であり、AEDの設置が望ましい。
③　事故やケガの発生時には、直ちに保護者への報告を行うこと。
④　事故やケガの発生時には、事故報告書を作成し、市町村に報告すること。

## 2　アレルギー対策

（1）　アレルギー疾患のある子どもの利用に当たっては、保護者と協力して適切な配慮に努めること。
（2）　児童館で飲食を伴う活動を実施するときは、事前に提供する内容について具体的に示し周知を行い、誤飲事故や食物アレルギーの発生予防に努めること。特に、食物アレルギーについては、子どもの命に関わる事故を起こす可能性もあるため、危機管理の一環として対応する必要がある。そのため、保護者と留意事項や緊急時の対応等（「エピペン®」の使用や消防署への緊急時登録の有無等）についてよく相談し、職員全員が同様の注意や配慮ができるようにしておくこと。

## 3　感染症対策等

（1）　感染症の発生状況について情報を収集し、予防に努めること。感染症の発生や疑いがある場合は、必要に応じて、市町村、保健所等に連絡し、必要な措置を講じて二次感染を防ぐこと。
（2）　感染症や食中毒等の発生時の対応については、市町村や保健所との連携のもと、あらかじめ児童館としての対応方針を定めておくこと。なお、子どもの感染防止のために臨時に休館しなければならないと判断する場合は、市町村と協議の上で実施し、学校等関係機関に連絡すること。

## 4　防災・防犯対策

（1）　マニュアルの策定
　　災害や犯罪の発生時に適切な対応ができるよう、防災・防犯に関する計画やマニュアルを策定し、施設・設備や地域環境の安全点検、職員並びに関係機関が保有する安全確保に関する情報の共有等に努めること。
（2）　定期的な訓練
　　定期的に避難訓練等を実施し、非常警報装置（学校110番・非常通報体制）や消火設備等（火災報知機、消火器）を設けるなどの非常事態に備える対応策を準備すること。
（3）　地域ぐるみの安全確保
　　来館時、帰宅時の安全対策について、保護者への協力を呼びかけ、地域の

関係機関・団体等と連携した不審者情報の共有や見守り活動等の実施に取り組むこと。この際、平成30年7月に発出した「放課後児童クラブ等への児童の来所・帰宅時における安全点検リストについて」を参考にすることが有効である。

（4）　災害への備え

　　災害発生時には、児童館が地域の避難所となることも考えられるため、必要な物品等を備えるように努めること。

## 5　衛生管理

（1）　子どもの感染症の予防や健康維持のため、来館時の手洗いの励行、施設・設備の衛生管理等を行うこと。

（2）　採光・換気等保健衛生に十分に配慮し、子どもの健康に配慮すること。

（3）　行事等で食品を提供する場合は、衛生管理を徹底し、食中毒の発生を防止すること。

## 第8章　家庭・学校・地域との連携

　本章では、児童館が家庭・学校・地域及び関係機関等と連携する際の留意事項を記述している。児童館は、地域の子どもの健全育成と子育て家庭を支援する拠点として、地域住民との交流や各関係機関等との情報交換、情報共有を行い、子どもと子育て家庭を支える地域づくりに貢献することが求められる。

## 1　家庭との連携

（1）　子どもの活動の様子から必要があると判断した場合には、家庭と連絡をとり適切な支援を行うこと。

（2）　子どもの発達や家庭環境等の面で特に援助が必要な子どもには、家庭とともに、学校、子どもの発達支援に関わる関係機関等と協力して継続的に援助を行うこと。

（3）　上記の場合には、必ず記録をとり職員間で共有を図るとともに、継続的な支援につなげるようにすること。

## 2　学校との連携

（1）　児童館の活動と学校の行事等について、適切な情報交換を行い、円滑な運営を図ること。

（2）　児童館や学校での子どもの様子について、必要に応じて適切な情報交換が行えるように努めること。

（3）　災害や事故・事件等子どもの安全管理上の問題等が発生した場合には、学

校と速やかに連絡を取り合い、適切な対応が取れるように連絡体制を整えておくこと。

### 3　地域及び関係機関等との連携
（1）　児童館の運営や活動の状況等について、地域住民等に積極的に情報提供を行い、理解を得るとともにその信頼関係を築くこと。
（2）　地域住民等が児童館を活用できるように働きかけることなどにより、児童館の周知を図るとともに、地域の人材・組織等との連携・協力関係を築くこと。
（3）　子どもの安全の確保、福祉的な課題の支援のため、日頃より警察、消防署、民生委員・児童委員、主任児童委員、母親クラブ、各種ボランティア団体等地域の子どもの安全と福祉的な課題に対応する社会資源との連携を深めておくこと。
（4）　要保護児童対策地域協議会に積極的に参加し、関係機関との連携・協力関係を築いておくこと。
（5）　児童館の施設及び人材等を活用して、放課後子供教室との連携を図ること。

## 第9章　大型児童館の機能・役割

　設置運営要綱等に基づく大型児童館には、小型児童館及び児童センターの機能に加えて、都道府県内の小型児童館、児童センター及びその他の児童館（以下「県内児童館」という。）の指導及び連絡調整等の役割を果たす中枢的機能を有する「Ａ型児童館」と、小型児童館の機能に加えて、子どもが宿泊しながら自然を生かした遊びを通して協調性、創造性、忍耐力を高める機能を有する「Ｂ型児童館」がある。
　本章では、これらを含めて子どもの健全育成に資するとともに、それぞれの機能が発揮されるために必要な事項について記述している。

### 1　基本機能
　大型児童館は、小型児童館及び児童センターの機能・役割に加えて、固有の施設特性を有し、子どもの健全育成の象徴的な拠点施設である。また、大型児童館の中には、他の機能を有する施設との併設等その構造や運営に多様なところがあるが、児童福祉施設である児童館の機能が十分に発揮され、子どもの健全育成に資するとともに、それぞれの機能が発揮されるようにすることが求められる。
　なお、小型児童館及び児童センターは、子どもが利用しやすいよう子どもの生活圏内に設置されることが望まれるが、都道府県内全域に整備されていない地域にあっては、大型児童館が移動児童館として機能を発揮するなどして、児童館のない地域の子どもの遊びの機会を提供することが望ましい。

## 2　県内児童館の連絡調整・支援

　県内児童館の指導及び連絡調整等の役割を果たす中枢的機能を十分に発揮するために、次の活動に取り組むことが必要である。

（1）　県内児童館の情報を把握し、相互に利用できるようにすること。さらに、県内児童館相互の連絡、連携を密にし、児童館活動の機能性を向上し充実を図ること。

（2）　県内児童館の運営等を指導するとともに、児童厚生員及びボランティアを育成すること。

（3）　県内児童館の連絡協議会等の事務局を設けること。

（4）　県内児童館の館長や児童厚生員等職員の研修を行うこと。

（5）　広報誌の発行等を行うことにより、児童館活動の啓発に努めること。

（6）　県内児童館を拠点とする母親クラブ等の地域組織活動の連絡調整を図り、その事務局等を置くこと。

（7）　大型児童館の活動の質を高めるために、積極的に全国的な研修等への参加機会を確保するとともに、都道府県の域を越えて相互に連携し積極的な情報交換を行うこと。

## 3　広域的・専門的健全育成活動の展開

　都道府県内の健全育成活動の水準を維持向上するために、その内容の把握に努め、次の活動に取り組むことが必要である。

（1）　県内児童館等で活用できる各種遊びのプログラムを開発し、多くの子どもが遊びを体験できるようにその普及を図ること。

（2）　県内児童館のない地域等に出向き、遊びの提供、子育てや健全育成に関する啓発に努めること。

（3）　歴史、産業、文化等地域の特色を生かした資料等を公開すること。

（4）　県内児童館に貸し出すための優良な児童福祉文化財を保有し、計画的に活用すること。

（5）　ホールやギャラリーなど大型児童館が有する諸室・設備等を活用し、子ども向けの演劇やコンサートなど児童福祉文化を高める舞台の鑑賞体験を計画的に行うこと。

---

※用語等について
・　「地域組織活動」とは、母親クラブ、子育てサークル等、子どもの健全な育成を図るための地域住民の積極的参加による活動をいう。
・　「放課後児童クラブ」とは、法第6条第3項の2に規定する「放課後児童健全育成事業」をいう。
・　大型児童館については、設置運営要綱において3つの類型が示されているが、本ガイドラインでは「A型児童館」及び「B型児童館」について記述している。

# 子供・若者育成支援推進大綱(抄)

（令和３年４月 子ども・若者育成支援推進本部）

## 第2 子供・若者育生支援の基本的な方針及び施設

### 4　子供・若者の成長のための社会環境の整備

> 　家庭、学校、地域等が、子供・若者の成長の場として、安心・安全な居場所として、Well-being の観点からより良い環境となるよう、社会全体、地域全体で子供・若者を育てる機運を高め、ネットワークを整え、活動を促進する。

○　家庭教育支援の充実や魅力ある学校づくりを推進するとともに、全ての子供・若者が、家庭や学校とは異なる対人関係の中で社会性や豊かな人間性を育んだり、困難に直面したときには支援を求めたりすることができるような居場所（サードプレイス）を増やす。さらに、公衆衛生や安全に配慮した適切な環境の下、外遊び等各種の体験・交流活動の機会の充実を図る。

## 別紙 施策の具体的内容

### 4　子供・若者の成長のための社会環境の整備

（１）　家庭、学校及び地域の相互の関係の再構築

　③ 地域全体で子供を育む環境づくり

（放課後等の活動の支援）

　地域における小学生・中学生・高校生世代の活動拠点の一つである児童館の積極的な活用等により、遊戯やレクリエーションを含む、様々な体験・交流活動のための十分な機会を提供する。

　また、地域の多様な経験や技能を持つ人材・企業等の協力を得て、学校・家庭・地域が連携・協働して教育に取り組む様々な仕組みづくりを推進する。

# こども基本法 (抄)

(令和4年法律第77号)

(目的)
**第1条** この法律は、日本国憲法及び児童の権利に関する条約の精神にのっとり、次代の社会を担う全てのこどもが、生涯にわたる人格形成の基礎を築き、自立した個人としてひとしく健やかに成長することができ、心身の状況、置かれている環境等にかかわらず、その権利の擁護が図られ、将来にわたって幸福な生活を送ることができる社会の実現を目指して、社会全体としてこども施策に取り組むことができるよう、こども施策に関し、基本理念を定め、国の責務等を明らかにし、及びこども施策の基本となる事項を定めるとともに、こども政策推進会議を設置すること等により、こども施策を総合的に推進することを目的とする。

(定義)
**第2条** この法律において「こども」とは、心身の発達の過程にある者をいう。

(基本理念)
**第3条** こども施策は、次に掲げる事項を基本理念として行われなければならない。

1 全てのこどもについて、個人として尊重され、その基本的人権が保障されるとともに、差別的取扱いを受けることがないようにすること。

2 全てのこどもについて、適切に養育されること、その生活を保障されること、愛され保護されること、その健やかな成長及び発達並びにその自立が図られることその他の福祉に係る権利が等しく保障されるとともに、教育基本法（平成18年法律第120号）の精神にのっとり教育を受ける機会が等しく与えられること。

3 全てのこどもについて、その年齢及び発達の程度に応じて、自己に直接関係する全ての事項に関して意見を表明する機会及び多様な社会的活動に参画する機会が確保されること。

4 全てのこどもについて、その年齢及び発達の程度に応じて、その意見が尊重され、その最善の利益が優先して考慮されること。

5 こどもの養育については、家庭を基本として行われ、父母その他の保護者が

第一義的責任を有するとの認識の下、これらの者に対してこどもの養育に関し十分な支援を行うとともに、家庭での養育が困難なこどもにはできる限り家庭と同様の養育環境を確保することにより、こどもが心身ともに健やかに育成されるようにすること。

6　家庭や子育てに夢を持ち、子育てに伴う喜びを実感できる社会環境を整備すること。

（こども施策に対するこども等の意見の反映）

**第11条**　国及び地方公共団体は、こども施策を策定し、実施し、及び評価するに当たっては、当該こども施策の対象となるこども又はこどもを養育する者その他の関係者の意見を反映させるために必要な措置を講ずるものとする。

## その他関係通知等

# 児童委員の活動要領（抄）

（平成16年11月8日雇児発1108001号厚生労働省雇用均等・児童家庭局長通知）

## 第2　児童委員の活動

### 3　児童の健全育成のための地域活動

地域において児童の健全育成を行う者等と連携し、次のような活動を行い、児童の健全育成のための地域活動に対する地域住民の参加を促進し、児童の健やかな育成に関する気運の醸成に努める。

（1）児童の健全育成のための地域活動の促進
　①　児童館、母親クラブ、放課後児童クラブ、子育てサークル、子ども会等、児童の健全育成に関する活動に対し援助・協力する。また、地域におけるボランティア活動への児童の参加を促進・支援する。

（3）児童福祉文化財の健全化と地域環境の浄化
　①　児童福祉文化財の健全化を図るため、都道府県及び市町村児童福祉審議会の推せん、勧告の機能が活発に発揮されるよう地域の具体的資料を収集し、関係機関に提供する。
　②　俗悪な広告や成年向け雑誌の自動販売機等について必要がある場合には、関係機関の助言を得つつ、その経営者等に対し撤去等を要請する等地域の環境の改善、浄化に努める。

（4）施設の設置及び児童の居場所の確保の促進等
　児童の居場所の確保のため、児童館、放課後児童クラブ等の設置等について住民及び関係機関と協議を行い、地域の実情に応じ、その設置等を促進する。

（5）事故等の防止
　交通事故をはじめ、家庭内外の事故や犯罪から児童を守るため、家庭及び地域の環境が危険な状態のまま放置されることのないよう地域住民等の注意を喚起し、危険な環境の排除又は改善に努める。
　また、児童の自殺の問題についても、児童相談所、福祉事務所、学校等の関係機関と密接な連携をとり、自殺の未然防止に努める。

（6）　児童の非行防止

　　　喫煙、飲酒、家出、性的非行、暴走運転、脅迫、窃盗、暴行、放火等児童の非行や犯罪の早期発見と未然防止を図るため、そのおそれのある児童の把握とその補導、更生に努める。また、学校、PTA、補導団体、警察、町内会、自治会等との密接な連携のもとに、児童をとりまく家庭及び地域環境の改善、整備に努める。

## 第3　主任児童委員の活動

### 1　関係機関と児童委員との連携

　　地域における児童健全育成事業や母子保健活動等の推進に関しては、関係機関、特に児童館活動や母親クラブ等の関係者と密接に連携し、さらに健やかに子どもを生み育てる環境づくりに関しては、地域ぐるみで子育てを行うための啓発活動を企画し、活動の実施に当たっては、その中心的役割を果たし、関係機関及び児童委員と連携して積極的に活動する。

# 生徒指導、家庭教育支援及び児童健全育成に係る取組の相互連携の推進について（依頼）

（平成28年5月20日雇児総発第0520第1号）

　標記については、「生徒指導、家庭教育支援及び児童健全育成に係る取組の積極的な相互連携について（依頼）」（平成22年9月16日付け22生参学第5号、22初児生第26号、22雇児育発第0916第1号）を踏まえ、相互連携の充実に努めていただいているところですが、家庭を取り巻く社会経済状況の変化や、いじめ、不登校、自殺等の問題行動等や児童虐待問題の深刻化など、子供や家庭を巡る問題の複雑化・多様化に伴い、生徒指導、家庭教育支援及び児童健全育成に係る取組の相互連携を一層推進することが必要となっています。

　こうした中、教育分野では、本年1月に文部科学省が策定した「次世代の学校・地域」創生プランにおいて、学校と地域が相互にかかわり合い、学校を核として地域社会が活性化していくことが不可欠であるとの考えの下、「地域とともにある学校」への転換や、学校を核としたまちづくり、地域で家庭を支援し子育てできる環境づくりなどの方向を目指して取組を進めることとしたところです。また、福祉分野では、児童委員、主任児童委員を中心とした家庭支援や、児童館・児童センター（以下「児童館等」という。）を中心に、児童の健康を増進し、情操を豊かにする取組等も行っていただいています。

　今後、教育分野と福祉分野がそれぞれの特長を生かしながら、学校・地域が一体となって子供や家庭を巡る状況把握を行い、子供や家庭に対する支援体制の一層の充実を図ることが重要です。

　ついては、以下の留意点並びに各学校や地域の実情を踏まえつつ、生徒指導や家庭教育支援、児童の健全育成に係る取組の相互連携が一層図られるよう、貴職におかれては、所管の学校及び域内の市区町村教育委員会生徒指導担当部局、家庭教育支援担当部局、児童福祉部局、関係団体等に周知いただくとともに、連携の強化による取組の一層の充実に御協力をお願いします。

　なお、この通知の発出に伴い、「生徒指導、家庭教育支援及び児童健全育成に係る取組の積極的な相互連携について（依頼）」（平成22年9月16日付け22生参学第5号、22初児生第26号、22雇児育発第0916第1号）は廃止します。

記

1．生徒指導の推進に当たり、問題行動等の未然防止や早期発見のためには、学校内のみならず、家庭や地域における児童生徒の実態把握が欠かせないことから、学校は、日頃から家庭との協力関係を築くとともに、地域において家庭教育支援を担う子育てや教職の経験者、NPO等の関係者や、児童委員、主任児童委員、スクールソーシャルワーカー、放課後子ども総合プラン関係者、児童館等の関係者などと円滑な連携を図れる体制を構築し、情報共有に努めるとともに、必要に応じて、校内の支援体制への活用を図るよう努めること。

2．家庭教育支援の推進に当たっては、子育てや教職の経験者をはじめとした地域の様々な人材からなる家庭教育支援チーム（別添参照）の組織化等により、保護者への相談対応や地域とのつながりづくりの充実に努めること。問題の未然防止や早期対応のためには、学校等における児童生徒の状況の把握や、専門的人材、児童健全育成関係者等との連携が重要であり、学校等の教職員との情報共有や、家庭教育支援チームの構成員としてスクールカウンセラーやスクールソーシャルワーカー、民生委員・児童委員、主任児童委員などの地域の人材の活用に努めること。あわせて、「地域学校協働本部」の活用や、放課後子ども総合プラン関係者、児童館等関係者、子育て支援団体・NPO等との一層の連携が図られるよう努めること。

3．児童の健全育成に当たっては、地域での多彩な活動の実績を有し、学校関係者とは異なる視点で子供や家庭の悩みや問題の解決にかかわることのできる特性を生かして、民生委員・児童委員、主任児童委員、民生委員児童委員協議会、放課後子ども総合プラン関係者等が継続的に学校関係者と情報の共有を行い、連携・協力が図られるよう努めるとともに、例えば、民生委員・児童委員、主任児童委員が地域の家庭教育支援チームに参画するなど、家庭教育支援関係者との一層の連携が図られるよう努めること。
　　また、児童館等では、健全な遊びを通して、児童の自主性、社会性、創造性を高めるよう指導を行っているところであり、児童の健全育成の観点を踏まえ、児童の社会活動参加への理解、協力等の支援について、学校等との更なる連携を図るよう努めること。

4．家庭教育支援や児童の健全育成を担う地域の人材等が、情報を適切に共有しながら、学校と連携して活動を行えるよう、個人情報の取扱いや適切な情報管理に当たっては各地方公共団体の個人情報保護条例等にのっとりつつ、例えば、家庭教育支援チームの仕組みを活用するなど、より効果的な連携の体制の構築に努め

ること。

5. 生徒指導、家庭教育支援及び児童の健全育成に係る取組の連携を推進するため、各都道府県、指定都市及び市区町村において、生徒指導担当部局、家庭教育支援担当部局及び児童福祉部局が連携・協力し、支援体制の強化に努めること。

6. 文部科学省が作成した「生徒指導提要」（平成 22 年 3 月）、「平成 26 年度スクールソーシャルワーカー実践活動事例集」（平成 27 年 12 月）及び「訪問型家庭教育支援の関係者のための手引き」（平成 28 年 3 月）等を参考に、生徒指導、家庭教育支援及び児童健全育成に係る取組の効果的な連携に努めること。

# 要支援児童等(特定妊婦を含む)の情報提供に係る保健・医療・福祉・教育等の連携の一層の推進について(抜粋)

(平成30年7月20日 厚生労働省雇用均等・児童家庭局総務課長・母子保健課長通知)

## 2 情報提供に当たっての共通の留意事項

個人情報の保護に関する法律(平成 15 年法律第 57 号。以下「個人情報保護法」という。)第 16 条及び第 23 条においては、あらかじめ本人の同意を得ないで、①特定された利用目的の達成に必要な範囲を超えて、個人情報を取り扱ってはならない、②個人データを第三者に提供してはならない、こととされているところであるが、今般の改正法により、児童福祉法第 21 条の 10 の 5 第 1 項に規定されたことから、関係機関が要支援児童等に関する知り得た情報を市町村に提供することは、個人情報保護法第 16 条第 3 項第 1 号及び第 23 条第 1 項第 1 号に規定する「法令に基づく場合」に該当し、例外的に、本人の同意を得ないで情報を提供しても個人情報保護法違反にならないことに留意されたい。

## 3 各個別分野の留意事項

(4) 児童福祉施設等

④ 児童館

児童館は、地域のすべての子どもを対象とし、遊び及び生活の援助と地域における子育て支援を行い、子どもを心身とも健やかに育成することを目的に、子育て家庭に対する相談・援助、交流の場や放課後児童クラブの実施などに取り組んでおり、その取組は、子ども虐待の発生予防、早期発見・早期対応にもつながるため、以下のことに留意して取り組むこと。

ア 子どもの居場所の提供や保護者の子育て支援などを通じ、主に別表 1 ～3 を参考に、要支援児童等と判断した場合は、必要な支援につなげるために、要支援児童等が居住する市町村に相談し、情報提供を行うこと。

イ 情報提供の際は、対象となる者に対し、原則として、情報提供の概要及び要支援児童等が居住する市町村による支援を受けることが、当該対象者の身体的・精神的負担を軽減し、養育の支援となり得ることを説明することが必要である。

ウ なお、説明することが困難な場合においても、要支援児童等に必要な

支援がつながるよう、要支援児童等が居住する市町村への情報提供に努めること。また、当該情報提供は、児童福祉法第21条の10の5第1項の規定に基づくものであるため、同規定の趣旨に沿って行われる限り、刑法の秘密漏示罪や守秘義務に関する法律の規定に抵触するものではないことに留意されたい。

エ　情報提供を適切に行うためには、職員一人ひとりの子ども虐待の早期発見・早期対応の意識の向上を図るとともに、施設全体の共通認識の下に、組織的に対応すること。

オ　市町村をはじめとする関係機関とも密接な連携を図ることが必要であり、協議会＊（要保護児童対策地域協議会）との関係を深めるなど連携体制の構築に取り組むこと。特に、具体的な支援策を協議する個別ケース検討会議には、積極的に参加し、関わりをもつこと。

別表1　出産後の養育について出産前から支援が必要と認められる妊婦（特定妊婦）の様子や状況例

別表2　虐待の発生予防のために、保護者への養育支援の必要性が考えられる児童等（「要支援児童等」）の様子や状況例【乳幼児期】

別表3　虐待の発生予防のために、保護者への養育支援の必要性が考えられる児童等（「要支援児童等」）の様子や状況例【学齢期以降】

※別表は省略

一般財団法人児童健全育成推進財団　出版物のご案内

# 子どもは 歴史の希望
## ー児童館理解の基礎理論ー

編／児童館研究委員会
　　一般財団法人児童健全育成推進財団
発行／フレーベル館

【もくじ】
・第1章 児童館ガイドラインと児童館のあり方
・第2章 児童館理解の基礎
・第3章 児童館の施策と健全育成
・第4章 児童館の運営と実践の基本
・資料

　児童館は、子どもの心身の健やかな成長・発達及びその自立が図られることを、地域社会の中で実際に実現するための施設です。
　本書はその児童館にさらなる関心と期待が寄せられることを願って企画しました。

定価：3,190円（本体2,900円＋税）
発行日：2022年7月1日
21×15cm 288ページ
108-22
ISBN 978-4-577-81521-2

# わたしのまちの
# じどうかん
## ー児童館実践事例集ー

編／児童館研究委員会
　　一般財団法人児童健全育成推進財団
発行／フレーベル館

【もくじ】
・第1章 わたしのまちのじどうかん
・第2章 児童館で行う子育て支援の活動
・第3章 児童館の実践記録
・資料集

　北海道から沖縄県まで14か所の児童館と子育て支援の実践事例9か所を紹介。児童館関係者はもとより、保護者、地域で子育てに携わる方々やこれから児童館で働くことを志す方々の参考にしていただきたい本です。

定価：1,980円（本体1,800円＋税）
発行日：2022年7月1日
21×15cm 192ページ
108-21
ISBN 978-4-577-81522-9

**児童館・放課後児童クラブ　テキストシリーズ❷**
**改訂版**

# 児童館論

発　行　日：令和 5 年 4 月　　初版
企画・編集：一般財団法人 児童健全育成推進財団
発　　　行：一般財団法人 児童健全育成推進財団
　　　　　　〒 150-0002　　東京都渋谷区渋谷 2-12-15
　　　　　　日本薬学会ビル 7F
　　　　　　TEL:03-3486-5141